내
기
도
의

향
기

내 기도의 향기

발행일	2017년 11월 22일		
지은이	이 지 연		
펴낸이	손 형 국		
펴낸곳	(주)북랩		
편집인	선일영	편집	이종무, 권혁신, 오경진, 최예은, 오세은
디자인	이현수, 김민하, 한수희, 김윤주	제작	박기성, 황동현, 구성우
마케팅	김회란, 박진관, 김한결		
출판등록	2004. 12. 1(제2012-000051호)		
주소	서울시 금천구 가산디지털 1로 168, 우림라이온스밸리 B동 B113, 114호		
홈페이지	www.book.co.kr		
전화번호	(02)2026-5777	팩스	(02)2026-5747

ISBN 979-11-5987-860-2 03230(종이책)   979-11-5987-861-9 05230(전자책)

이 도서의 국립중앙도서관 출판예정도서목록(CIP)은 서지정보유통지원시스템 홈페이지(http://seoji.nl.go.kr)와
국가자료공동목록시스템(http://www.nl.go.kr/kolisnet)에서 이용하실 수 있습니다.

내 기도의 향기

이지연 지음

평생 나를 붙들어 준
하나님께 드리는
어린아이 같은 고백

북랩 book Lab

나는 특별한 하나님의 은혜를 입은 자임을 알면서도 곧잘 엉뚱한 곳을 기웃거릴 때가 많았다. 그래도 그때마다 날 기다려 주시고 부드럽게 인도해 주시는 좋으신 하나님이셨다.

하나님의 마음이 이해가 잘 안 될 때, 난 아들을 생각해본다. 아들을 바라보는 내 마음을 생각해보면 날 바라보는 하나님의 마음을 알 것 같았다. 하나님의 마음을 알기가 어려워 처음엔 하나님 보다 아들을 생각할 때가 더 많았다. 내가 아들을 향해 기뻐해 줄 때 그 마음으로 하나님도 나를 기뻐하시고 잘했다고 내 머리를 쓰다듬어 주시는 것 같았다.

하나님을 알아간다는 것, 너무 거창하게 생각하면 또 너무 어렵다. 너무 멀리 계시는 하나님이다. 그러나 나의 일상 가운데 하나님을 생각하고, 하나님의 손길을 느끼고, 매순간 내 생각 가운데 은밀히 들려주시는 성령님의 음성을 들을 때 주 안에서 내가 자라가는 것이 즐겁다.

병원에서 선교사님의 기도와 보살핌으로 내 병은 회복되었었다. 난 요양원에 있었던 그때부터 예수님을 만나고 있었는지도 모른다. 나는 기억이 안 나는데 할아버지께서 그러셨다. 요양원에 있을 때 일요일마다 악착같이 교회를 열심히 나가는 아이였다고.

그러다가 예수님을 잊고 지냈다. 고등학교를 미션 스쿨로 가게 되면서 그곳에서 하나님을 다시 만나고 세례도 받았다. 친구들과 계를 해서 모은 돈으로 성경책을 사서 책상 서랍에 숨겨 두고 꺼내 보곤 했다. 엄마는 대학입시가 가까워오자 부적을 받아와서는 내 책상 밑에 붙여 놓기도 하고 베개 속에 넣어 두기도 했다.

그래도 나의 지난 시간들 중 기억나는 건 대부분 교회에서 보낸 시간들이었다. 수련회를 다녀왔던 일, 매주 병원에 찬양 전도 다니던 일, 시외버스 터미널 앞에서 노방 전도 하던 일, 신학교 다니는 언니 오빠들 틈에 끼어서 큐티와 성경 공부를 배우던 일….

그러다가 믿지 않는 남편을 만나면서 난 다시 한 번 하나님을 떠나 나 혼자 살았다. 나는 하나님을 떠났지만 하나님은 한 번도 나를 떠나지 않으셨음을 안다. 하나님을 절대 부르지 않겠다고, 찾지 않을 거라고 입을 꼭 다물었지만 그런 중에도 나는 나도 모르게 계속 하나님을 찾고 부르고 있었다. 그리고는 알았다. 난 하나님을 떠나서는 살 수 없는 자라는 것을… 항상 돌아가는 것이 하나님 사랑하는 것이라고 했으니 난 결국 하나님께로 돌아갈 수밖에 없었다.

엄마는 내가 좀 편하고 순탄한 결혼 생활을 하길 원하셨지만 유감스럽게도 그리 편한 삶은 아니었던 것 같다. 그러나 난 내 삶의 모든 것을 하나님 안에서 해석하려고 한다. 하나님 안에서 해석되어지는 인생이기를 바란다.

내 결혼 생활 중에 아주 힘든 위기가 있었다. 그때는 오직 죽고 싶다는 생각뿐이었는데 나중에는 그 모든 것이 영적인 것과 관계 있다는 것을 알게 되었다. 아침마다 내가 우울하고 불안에 휩싸이는 것도, 괜한 걱정을 만들어 안고 살고 있는 것도, 온갖 짜증 속에서 나를 사랑하지 못하고 용납하지 못했던 것도, 내가 마음에 안 들어 나를 못살게 굴던 그때는 다른 무엇보다도 하나님과의 관계를 살펴봤어야 했다.

내 인생에 분명 문제가 있다고 생각하고 그 답을 하나님 안에서 찾기로 했었다. 몇 년 만에 하나님 앞에 나가 펑펑 울고 있을 때 새벽기도 중에 계속 이사야서 말씀을 기억나게 해 주셨다.

너희는 여호와를 만날 만한 때에 찾으라 가까이 계실 때에 그를 부르라 (이사야 55:6)

처음엔 몰랐다. 그런데 사흘 계속 해서 기도 중에 같은 말씀을 주셔서 사흘째 되는 날은 기도 마치고 집에 와서 성경을 찾아 천천히 묵상했었다.

아… 지금이 바로 내가 여호와를 만날 때이고, 가까이 계신 하나님을 불러야 할 때이구나….

내게 그 위기가 없었다면 다시 하나님을 찾는 일도 없었을 것이고, 간절함도 없었을 것이다. 어쩌면 하나님을 제외시키는 일상이 내겐 항상 위기다. 나는 내 일상 속에서 하나님을 만나는 것이 즐겁다. 그럴 때마다 그 하나님을 자랑하고 싶고, 나와 함께하시는 하나님을 보이고 싶다.

이 책은 작은 일상 속에서 어린아이 같은 깨달음과 고백으로 내 모습 이대로를 드리는 글이다. 내 삶은 하나님이 주신 선물로 풍성했고, 그 삶 가운데 나는 훈련되어짐으로 하나님께 더 가까이 나아갈 수 있었다. 나의 부족한 모든 모습까지도 다 아시는 하나님,

그런 나일지라도 내 모습 이대로를 사랑하시며 세상에 빛을 들고 나아가기를 원하시는 하나님… 그리고 내 기도의 향기가 예수님의 향기가 되어 전해지기를 원하는 마음으로 목차를 정해 봤다. 깊이 있고 어려운 묵상 책이 아니라 순간순간 스치는 하나님에 대한 생각과 평범한 나의 일상의 고백들이다.

하나님은 큰소리로도 말씀하시겠지만 은밀히 말씀하시는 분이셨다. 처음엔 그 음성이 너무 작아서 놓친 적도 많았고, 긴가민가 해서 헷갈려 한 때도 많았고, 나한테까지 설마 말씀하시겠나 싶어서 나와는 특별히 상관없는 하나님으로 생각하기도 했었다. 그러나 이젠 내게 말씀하시는 하나님임을 안다. 그리고 이젠 그 말씀을 놓치지 않으려고 내가 하나님께 좀 더 귀 기울이려고 한다.

요즘은 이 찬양을 나의 고백으로 즐겨 부르고 있다.

> *나의 삶에 예수의 흔적 있으니*
> *나는 오직 주님만 자랑하리라*
> *내 영혼에 예수의 생명 있으니*
> *나는 오직 주님만 증거하리라*
> *주만 섬기리 가장 낮은 자리에서*
> *주만 높이리 내 생명 다하여*

내 삶에 예수님의 흔적이 더 많이 남길 바라고 내게서 예수님의 향기가 더 많이 전해지는 자가 되면 좋겠다.

2017년 11월
이지연

목차

여섯 **예전 일기장에서**

하나
내 이름 아시죠?

평생 나를 붙들어 줄
하나님께 드리는
어린아이 같은 고백

그땐
그랬었지

한때 하나님 앞에 편지를 열심히 쓰던 때가 있었다. 물론 내가 너무 힘들었을 때이다. 누구에게 말하지도 못하고 혼자 감당하기에는 너무 아프고 답답해서 하나님께 편지를 쓰기 시작했었다.

내가 하나님의 은혜, 응답하심, 하나님에 대한 감사함을 잘 잊어버리는 자임을 알게 되면서 하나님께서 주신 모든 은혜들을 기록하여 기억해야겠다는 생각을 했었다. 하나님 앞으로 편지 쓰기는 그 은혜를 잊지 않기 위해서 시작했던 일이었다.

노트북에 잘 간직되어 있는 하나님 앞으로 보낸 그때의 그 편지들, 요즘도 간간히 그 편지들을 내가 열어서 보곤 한다. 이런 때가 있었구나, 이런 생각을 하기도 했었구나, 이런 기도도 했었구나 하면서 나 혼자 감동하고, 나 혼자 대견스러워 한다. 아마 이 편지 받으신 하나님도 내가 대견스럽고 사랑스러웠을 거라 생각된다.

그리고 가끔 누군가에게 예전에 내가 이러이러하게 하나님 앞에 은혜를 받았던 자라고 이야기할 때가 있다. 처음엔 이런 나의 간증으로 다른 사람에게 은혜를 끼친다고 생각했었다. 그런데 요즘은 어쩌면 다른 사람이 아닌 바로 나 자신이 다시 그때의 하나님을 기억하도록 이런 말들을 내 입을 통해 하게 하시는 것 같다. 내가 들으라고. 중요한 것은 지금이다. 그래서 간증을 하면서 과연 지금 나의 모습은 어떠한지 돌아보게 된다.

성경의 이스라엘, 유다 왕들이 처음엔 하나님의 말씀을 잘 따르고, 하나님 뜻을 구하다가 꼭 어느 순간에는 하나님의 법을 떠나 결국엔 비참한 상황을 맞이하는 것을 보면서 택함 받은 백성들인데 왜 한결같이 처음 마음을 지키지 못할까 하는 안타까운 생각이 들었다.

그런데 나를 보니 내가 딱 그러고 있었다. 수시로 넘어지기를 잘하였고, 기회만 되면 곁눈질하기를 좋아하고 있었다. 내가 바로 은혜를 입고도 불순종하여 광야를 떠돌고 있는 이스라엘 백성이었다. 하나님과 함께 하는 것을 즐거워하고, 하나님의 뜻을 구하기를 기뻐하다가 점점 그 기쁨이 세상의 다른 것들로 채워지면서 하나님은 자꾸 뒤로 미뤄 두고 있었다. 모든 일이 잘 되고 있다 싶을 때나 내 삶이 평안할 때야말로 하나님과의 관계에 아무 문제도 없는 것 같다는 착각을 하지 않아야 한다. 나의 평안함과 함께 찾아오는 안일함 가운데 나도 모르게 넘어질 수 있고 하나님과 멀어질 수 있기 때문이다.

오히려 어려운 환란 가운데에 있거나 모든 것이 엉망인 듯 느껴질 때라도 기도하며 지내는 때가 내겐 더 축복의 시간이었다. 하나님 앞으로 나가려고 발버둥 치는 것이 바로 축복이었음을, 나중에 알게 된 경우가 많았다. 지나 보니 그때의 내 어려움은 안 보이고 하나님 앞에서 씨름하던 모습만 남는다. 그게 남는다면 잘한 거다. 난 그렇게 생각한다. 그것마저 없었다면 내겐 아무것도 없었을 거다.

남편과 아들이 성실한 모습을 보여 주었을 때는 그 모습을 보며 기뻐하고 만족스러웠다. 하지만 그동안 정작 나는 서서히 기도를 쉬게 되었고 주님을 간절히 찾지 않는 게으름에 금방 익숙해졌다. 그럴 때는 하루가 끝날 무렵 하나님과 엄청 멀어진 느낌이 들기도 했다.

어쩌면 고난이 축복이라는 말이 맞는지도 모른다. 세상의 기쁨보다 그 고난 때문에 하나님을 찾을 수 있다면, 하나님께 더 가까이 갈 수 있다면, 하나님 앞에서 더 발버둥 칠 수 있다면 그것이 오히려 복이 되는 것임을 나는 믿는다.

그러면서도 여전히 더 부지런히 하나님을 찾지 아니하고 더 구하지 못하며 좀 더 열심을 내기 싫어하고 대충 묻어가려는 마음이 크다. 어쩌면 내 마음은 내 기도와 달리 하나님을 잊어버릴 준비를 항상 먼저 하고 있는지도 모른다. 죄 짓는 것에 먼저 달려갈 준비가 되어 있는지도 모른다.

그러니 우리는 항상 추억 속의 하나님이 아니라 매일 매순간 현재의 하나님을 만나야 한다. 시간이 지날수록 더 빛나는 믿음을 가지도록 해야 한다. '그땐 그랬었지'보다 '지금도 하나님과의 만남은 진행 중'이어야 한다. 오늘 내가 만난 하나님이어야 한다.

참 못됐다,
내 마음

만물보다 거짓되고 심히 부패한 것은 마음이라

누가 능히 이를 알리요마는 *(예레미야 17:9)*

내 마음의 생각은 선한 것이 없고 오직 더럽고 추하며 나를 죽이는 것들로 가득 차 있음을 오늘 아침도 느꼈다. 한 번 내 생각에 사로잡히니 끊임없이 나를 추하게 만들었고 남을 미워하며 원망하게 됐다. 하나님을 떠나고픈 마음이 들었고 초라하며 외로웠고 분노하게 되었다. 상실감과 실망감, 그리고 무기력함이 몰려드는 것을 보았다. 이렇게 내 안에는 선한 것이 없다. 그 생각들을 이겨내고 싶었는데 끊임없이 나를 무너지게 만드는 어두운 생각들이 나를 점점 더 악한 생각 속으로 끌고 감을 보았다. 그 생각들이 합당한 것 같았다.

하나님은 내 안의 문제들을 그냥 넘어가지 않으신다. 내 심장을 살피고 내 폐부를 시험하여 그 행위대로 보응한다고 하셨다. 어쩌면 내가 보여 주고 싶지 않은, 절대 들키고 싶지 않은 나의 깊은 모습들마저도 하나님 앞에 꺼내 놓기를 원하시는 듯했다. 그 모습을 시험하시는 것이다. 나의 약한 상황들에 맞닥뜨리게 하셔서 시험하신다. 그리고 그 행위대로 내게 갚으신다. 그렇지만 그 보응이 나를 미워하여 벌주기 위함이 아니라 나를 사랑하시기에 능히 이길 수 있게 하기 위함이라고 생각한다. 그 문제들에 맞닥뜨리게 될 때 나는 분명 고통스럽고 아프다. 그러나 이 모든 상황이 나를 고치기 위한 과정이며 하나님이 허락하신 것이라 받아들이면 오히려 마음이 편해진다.

오늘도 숨어 있던 나 자신과의 싸움을 꺼내 놓게 하셨다. 다른 사람들과의 관계보다 더 깊은 문제, 사람들과의 관계 중에 찾아오는 우울감, 상실감, 무기력함, 외로움, 분노의 감정들을 꺼내 놓고 다스리게 하신다.

나는 나의 열심을 사람들에게 인정받고자 하는 자기애가 큰 사람이다. 그래서 이런 건강하지 않은 자기애 때문에 스스로 힘들게 만들곤 했다. 다른 이들을 칭찬하고 인정하기보다 내가 칭찬받고 인정받고자 하는 마음이 더 컸던 것이다.

누가 내 마음을 들여다본다면 온갖 오물투성이에 똥 덩어리 같은 더러운 것들이 둥둥 떠다니는 걸 보게 될 거다. 남들이 모를 거라고, 입 닫고 있으면 냄새 나지 않을 거라고, 숨죽이고 있으면 들키지 않을 거라고 어지간히도 더러운 생각 속에 흠뻑 빠져 살았다.

왜 다른 사람을 좀 이해하면서, 그럴 수도 있지 하면서 더 사랑하지 못했지? 왜 그렇게 내 생각의 틀 속에 꼭꼭 맞춰 가면서 살려고 그랬지? 그러니까 그동안 모든 게 다 어려웠잖아. 그러니까 내게 다가오던 모든 자들이 다 떠나 가버렸잖아. 악을 쓰고 찔러 대고 도망가게 만들어 놓고는 후회한다. 나쁜 마음이 있었던 것이 아닌데, 진짜 미웠던 것이 아닌데, 그저 나를 좀 봐 달라는 어리광을 좀 부리고 싶었던 건데….

무조건적인 사랑을 누군가에게 흠뻑 받았더라면 나의 흠도, 허물도, 아픔도, 약함도 열등감도, 낮은 자존감도, 피해의식도 그 사랑에 다 덮여서 눈 녹듯이 사라져 깨끗해졌을 텐데, 그 사랑에 어리광을 실컷 부리고 났더라면 더 빨리 그 상처가 아물고 좀 더 건강한 어른이 되어 있지 않았을까.

내가 주님을 잡고 있어서가 아니라 주님이 나를 더욱 사랑하시고 강하게 붙들고 계셔서 하나님 사랑 안에 거하고 있음을 안다. 내가 애쓰고 노력해서 주님을 붙잡고 있는 것이 아니라 주님의 강한 팔로 나를 붙잡고 계심을 안다. 내가 잡은 손은 힘이 약하여 조금 힘들면 놓아 버릴 수가 있고, 더 좋아 보이는 것이 있으면 금방 다른 것을 잡으려고 손을 내밀기도 한다.

내 뜻대로 잘 되지 않으면 안 된다고 투정하면서 주님에게서 또 멀어지려고도 한다. 내 마음은 변덕이 심하여서 어떤 날은 '주님, 사랑해요' 하고 외치다가 또 어떤 날은 너무도 시큰둥하다. 그것이 내 사랑이다. 그러나 주님은 먼저 손잡아 주셨고, 더 강하고 단단하게 끝까지 잡고 계시며, 주님 사랑은 요동치 아니하고 변함없이 날 품고 계심을 알게 되었다.

예수님의 사랑은 그렇다. 상처투성이, 오물투성이의 내 모습을 예수님의 피로 다 덮어 주신 사랑이다. 이제 그 사랑을 외면하지 말고 그 사랑 안에 거해야겠다. 내 모습 그대로 사랑해 주시는 예수님께 이제라도 어리광을 좀 실컷 부려야겠다. 하나님은 또 다른 훈련으로 나를 다듬어 가시는 중인 것 같다. 내 안에 오직 선하신 하나님 한 분 만으로 만족하는 삶이 될 때까지.

완악한
마음

요술사들도 자기 요술로 그 같이 행하여 이를 생기게 하려 하였으나 못하였고 이가 사람과 가축에게 생긴지라 요술사가 바로에게 말하되 이는 하나님의 권능이니이다 하였으나 바로의 마음이 완악하게 되어 그들의 말을 듣지 아니하였으니 여호와의 말씀과 같더라 (출애굽기 8:18-19)

하나님의 이적을 따라 흉내 내던 마술사들이 이 재앙은 흉내 낼 수 없게 되자 이것은 하나님의 권능이라고 인정한다. 자신들도 할 수 있었던 부분에 대해서는 하나님을 인정하지 않았지만 할 수 없는 부분에 있어서는 하나님의 권능이라고 인정하는 것이다.

하나님이 아닌 다른 마술사들도 할 수 있는 이적이 있다. 그러므로 이적만을 좇아 믿음을 가지는 것은 위험한 모습이다. 그리고 그들에게 어느 부분의 이적을 허락하시는 분도 하나님이시며 허락하지 않는 분도 하나님이시다. 또 아무리 이적과 하나님의 권능을 보여줘도 마음이 완악한 자는 하나님을 인정하지도 하나님의 말씀을 들으려고도 하지 않는다.

난 항상 무언가를 할 때, 또 무슨 말을 할 때, 내게 할 수 있는 능력, 말의 권세를 달라고만 기도하였다. 내가 능력을 받아서 할 수 있으면 될 줄 알았다. 이적이 보여지면 다 될 줄 알았다. 그러나 그것만으로 되는 것은 아닌 것 같다. 더 중요한 건 듣는 자들의 마음이 완악해져 있으면 아무 소용이 없다는 것이다. 오히려 내가 말을 좀 못하고 좀 모자라더라도 보는 이들과 듣는 이들의 마음을 하나님이 만져 주셔서 부드러운 마음으로 변화시켜 달라고 기도하는 것이 더 필요할 것 같다.

내가 능력을 가지는 것보다, 내가 크게 드러나기보다 나의 약함 가운데 하나님이 드러나는 것이 중요하다. 내게는 주님이 말씀하실 때 순종할 수 있는 용기와 믿음을 주시고, 듣는 자들에게는 잘 들을 수 있는 마음을 주시기를, 그것을 통하여 하나님의 역사하심을 보게 해 달라고 기도해야겠다. 능력을 구하는 것도 필요하지만 그 능력은 오히려 날 교만하고 악하게 만들 수도 있는 것이다.

"하나님, 내게 능력도 필요하지만 그보다 먼저 영혼을 사랑하는 마음과 그들의 마음을 만지시는 하나님을 먼저 기대하게 하소서. 나의 마음도 만져 주셔서 목사님을 통하여 말씀이 전하여질 때에 그 말씀이 내게 잘 들려올 수 있도록 내 마음이 하나님 앞에 완악해지지 않도록 나의 마음도 만져 주소서."

표현하는
사랑

예전에 어떤 드라마를 본 것이 기억난다. 음대 여학생이 가정이 있는 남자를 사랑하게 되었다. 그걸 알게 된 남자의 부인은 학교 연습실에 찾아와서 다른 학생들과 교수가 보는 앞에서 그 여학생의 첼로를 부수고 첼로 활로 그 여학생을 때리면서 무참히 분풀이하는 장면이 나왔다. 자신의 분신과도 같은 악기가 망가뜨려지고 맞아서 손목에 피가 나는데도 그 여학생은 더 때려도 좋고 어떻게 해도 좋지만 그 남자를 놓을 수가 없다고 감히 이야기한다. 둘 다 간통죄로 유치장에 들어가서도 오히려 서로 마주보고 눈물 흘리면서 웃는 것이었다.

난 그때 그 장면을 보면서 예수님을 향한 내 사랑은 어느 정도인가 생각해 보았었다. 나도 그 정도의 사랑이 되어야 하지 않을까, 그보다 더한 사랑이 되어야 한다고 생각했다. 그들은 옳지 못한 사랑을 하면서도 그렇게 담대하게 고백하고 서로의 존재만으로 기뻐하는데, 생명을 주시면서까지 나를 사랑하시는 그분의 사랑을 받으면서 난 과연 어떤 고백을 할 수 있을까 싶었다.

난 표현이 서툰 편이다. 쑥스러워 한다. '말 안 해도 내 맘 알겠지, 알아 줘'라는 무언의 바람을 할 때가 많다. 그러면서 다른 사람은 내게 뭐라도 표현해 주길 바란다. 아들이 중학생이었을 때 학부모 연합 예배가 있어서 함께 예배를 드렸다. 예배 중에 자녀들이 엄마를 안아 주는 시간이 있었다. 그런데 놀랍게도 우리 아들이 날 안아 주지 못하고 우물쭈물 하면서 눈치만 보고 있었다. 난 섭섭하기도 했지만 놀랐다. 왜 아들이 나를 안아 주지 못할까 싶었다. 엄마를 안아 달라고 옆에서 팔을 잡아 당겼는데도 멀뚱하니 쑥스러워 하고 있었다. 그 후로는 집에서도 수시로 아들과 포옹을 시도했다. 처음에는 뻣뻣하게 억지로 날 안아 주더니 요즘은 자연스럽다.

어느 날 내가 외출하고 늦었더니 전화가 왔다.
"엄마, 어디예요? 언제 오세요?"
내가 농담처럼 물었다.
"왜? 엄마 보고 싶어?"
아들은 역시 대답을 못 하고 웃기만 하고 있었다.
내 마음 같아서는 보고 싶다는 한마디 말도 아들이 내게 잘해 줬으면 좋겠다.

나도 누구에게든 표현하는 것에 인색하지 않아야겠다. 모든 사람들은 자신에게 반응해 주길 원하며 무어라도 표현해 주길 원할 것이다. 난 내게 싸움을 걸어도 좋고 시비를 걸어도 좋지만 반응이 없는 무관심은 견디기가 힘들다. 항상 듣고 싶은 한마디를 못 들어서 마음의 병이 종종 나곤 했다. 난 큰 걸 원한 게 아니라 한마디 표현을 원했는데 내게 그 한마디조차 인색할 때 그들은 내게 아무 것도 주기 싫어하나 보다 하고 혼자 결론 짓고 슬퍼하곤 했었다. 어쩌면 난 그냥 한마디를 원한 것이 아니라, '내가 듣고 싶은' 한마디를 원했는지도 모른다. 듣고 싶은 그 한마디를 못 들어서 그렇게 종종 심술을 부렸는지도 모른다.

하나님께도 "내 마음 알지요?"라며 어물쩍 넘어가지 말고 뭐라도 구체적으로 표현하는 것이 좋을 것 같다는 생각이 들었다. 하나님도 내게 원하는 한마디가 있지 않을까? "지연아, 내가 섭섭하다"라고 표현하시는 하나님 앞에서 나도 반응하는 자가 되어야 할 것이다.

하나님을 외면하고 슬프게 해서는 안 될 것이다. 내가 표현해 주지 않는다고 하나님이 나 때문에 상처받지는 않으시겠지만 혹시 섭섭하실 수는 있겠다. 아마 표현해 주면 더 기뻐하실 것 같다.

하나님도
나와 같은 마음

항상 기뻐하라 쉬지 말고 기도하라 범사에 감사하라 이것이 그리
스도 예수 안에서 너희를 향하신 하나님의 뜻이니라 (데살로니가전
서 5:16~18)

사람은 모두 자기중심적인 기대치를 갖고 살아간다. 자기에게
이롭고, 자기의 기대치보다 잘하면 고마운 사람, 좋은 사람으로 여
긴다. 한편 이런 기대치 때문에 감사보다 불평불만을 하기도 한다.
그래서 나 중심으로 생각하는 마음을 뛰어넘어야 감사가 가능하
다. 사람은 원래 함께 있는 자로 지음 받았으며 하나님은 우리가
하나 됨을 원하신다. 불평불만을 할 때 하나님이 하나 되게 하신
것을 깨트리게 된다. 그리고 깨어진 관계가 하나 됨의 관계로 회복
되려면 감사를 훈련해야 한다. 일부러 의지를 가지고 감사해야 하
며 감사를 찾아낼 줄 알아야 한다. 감사할수록 내가 더 행복해지
며 감사는 결국 나를 유익하게 하기 때문이다. 그리고 하나님의 은
혜와 보호하심을 늘 기억하는 것이 중요하다. 이건 작년 추수감사
절에 들은 주일 설교 말씀이다.

나는 2010년부터 감사 일기를 쓰기 시작했었다. 정확하게는 감
사 편지다. 매일 하나님께 편지를 썼다. 그 편지가 때로는 나의 기
도가 되기도 하고, 나의 간증이 되기도 하며, 묵상 노트가 되기도

했다. 내게 매일매일 베풀어 주시는 은혜가 너무 좋아서, 잊고 싶지 않아서 하나님 생각을 많이 하고 싶었다. '하나님 너무 감사해요! 하나님이 너무 좋아요! 땡큐, 땡큐!'라고 매일 말하고 싶었다. 그땐 그랬다.

엄마도 내 편지를 참 좋아하셔서 어버이날은 물론이고 엄마 생신날엔 꼭 편지를 써 드렸다. 그러면 그 편지를 나보고 읽으라고 해 놓고선 늘 우셨다. 내가 적어 간 편지 내용을 듣고 우시는 엄마를 보기가 참 민망하긴 했지만 우리 엄마는 이렇게 내 편지를 참 좋아하셨다. 아마 우리 하나님도 내가 보낸 편지를 분명 좋아하셨을 거다.

난 우리 아들의 엄마이고, 또 어른인 체 하지만, 나 역시 하나님 앞에선 눈에 넣어도 안 아픈 딸이니까. 예수님이 날 위해 죽기까지 사랑해 주신 딸이니까.

난 아들이 나랑 이런저런 이야기를 많이 해 주면 좋다. 아들의 이야기를 듣는 것이 행복하다. 엄마들은 다 그런 거 아닌가? 우리 하나님도 분명 그러실 거다. 내가 뭐든 이야기해 주길 바라고 듣고 싶어 하실 거다. 그래서 난 쉬지 말고 기도하라는 하나님의 마음을 알 것 같다. 우리 아들이 범사에 감사하고 항상 기뻐하면서도 나랑 이야기가 언제나 잘 통했으면 좋겠다.

내 자녀가 잘 되길 바라는 부모의 마음. 어떻게 하는 것이 잘 되는 것인지 알고, 돕고 싶어 하는 부모의 마음. 우리 하나님도 분명 나와 같은 마음일거라는 생각이 든다.

여호와인 줄
아는 마음

내가 여호와인 줄 아는 마음을 그들에게 주어서 그들이 전심으로
내게 돌아오게 하리니 그들은 내 백성이 되겠고 나는 그들의 하나
님이 되리라 (예레미야 24:7)

일주일을 아파서 끙끙거렸는데 오늘은 살 만했다. 예배의 자리
에서 찬양을 하면서 내가 입을 열어 마음껏 찬양할 수 있음에 감
사했다. 역시 내 영이 먼저 살아야 육신의 힘도 공급받는다는 것
을 느낄 수 있었다. 머리부터 발끝까지 내 몸 구석구석으로 새 힘
이 전해져 옴을 느꼈다.

어느 누군가는 예배의 자리를 사모하지만 병상에서 작은 소리
로 속삭이면서 엄마와 함께 기도하고 찬양하며 예배를 드렸다고,
빨리 퇴원해서 큰 소리로 찬양하고 싶다고 했다. 나의 당연한 일상
이 누군가에게는 간절한 바람이 될 수 있다는 것을 다시 한 번 확
인했다. 하나님 앞에 서야 하는 자가 자꾸만 엉뚱한 곳을 바라보
고 있으니 힘을 공급받지 못하고 낙심하게 되는 건 당연했다.

가끔 누군가를 보면서 참 한심하다는 생각을 많이 했다. 열정도
없고, 의욕도 없고, 게으름이 충만한 사람 같았다. 말은 안 했지만
온갖 비난을 마음으로 퍼붓고 있었다. 그러다가 하나님은 이 사람

을 어떻게 보실까 생각이 들었다. 어떤 마음을 품고 계실까…. 그리고 하나님은 나는 어떻게 보고 계실까? 나는 자격이 있어서 용서해 주시고, 오래 기다려 주시고, 참아 주시고, 은혜를 주시는 걸까. 나 역시도 자격 없는 자이기는 마찬가지였다. 사랑합니다 하고서는 금방 뒤돌아서 딴 곳을 바라보기가 허다했고, 사람으로 친다면 늘 바람피우는 외도자였다.

하나님이 포기하지 않으시는데 나는 내 기준으로 남을 판단하고 비난하며 '당신은 어쩔 수 없어'라고 정죄하고 있었다. 어쩌면 그녀도 나처럼 갱년기를 힘들게 보내고 있는지도 모르는 일이었다. 나는 아프다며 요란을 떠는 반면 그녀는 그저 침묵으로, 잠으로, 약간의 게으름으로 그 시간을 이겨내고 있는지도 몰랐다.

그러면 난 그저 기다려 줘야 하지 않을까. 육이 아픈 사람에게 왜 일어나지 못하느냐고 핀잔할 수 없듯이 영이 병든 사람을 위해서도 기다려 주고 기도해 줘야 하는 게 아닐까 싶었다. 눈만 뜨고 숨만 쉰다고 사는 것은 아닐 것이다. 난 자는 것도 씩씩하게 잤으면 좋겠다. 아픈 듯이 말고, 사는 게 싫은 듯이 말고, 만사 귀찮다는 듯이 말고 벌떡 일어나면 또 열심히 살 수 있도록 잠도 씩씩하게 잤으면 좋겠다.

어떤 사람이 고기를 잡아 가는데 가는 동안 고기들이 비실비실 죽어가서 고민이 되었다고 한다. 그래서 그 이후 개상어를 한 마리 집어넣었다고 한다. 그랬더니 물고기들이 안 잡아먹히려고 도망 다니느라 목적지에 도착할 때까지도 팔팔하더라는 이야기를 들었다.

가끔은 나와 맞지 않는 사람 때문에 힘들어하고, 자기밖에 모르는 이기적인 사람이라고 미워했던 때가 있다. 그런데 나중에 알고 보니 그 사람은 내게 '개상어'였다. 내가 하나님 앞에서 살아가도록 하기 위해 끊임없이 나를 쫓아오는 개상어였던 것이다. 내가 살 수 있게 해 주는 존재였다.

그 어떤 어려움도, 나쁜 것도 모두 나쁜 것만은 아니라는 생각이 다. 모두 다 내게 선의의 필요에 의해서 주어진 것들이라 생각하니 오히려 감사했다. 하나님은 내가 무언가를 결단하고 나서야 비로소 일하시는 분임을 안다. 지금껏 그렇게 일하시는 하나님을 보아 왔 기 때문이다. 그렇다면 난 이제 무언가를 결단해야 한다. 그래야 내 삶에, 우리 가정에 새로운 변화가 일어날 것임을 알기 때문이다.

가까이 있는 이의 한마디 말 때문에 상처를 받을 때가 많은데, 그 사람의 그 말도 바꾸어 주실 거라 믿는다. 아니면 듣는 내 귀를 바꿔 주시든지….

하나님은 그의 자녀들을 꾸짖지 않으시고 축복하길 원하신다. 내가 내 아들의 잘못을 꾸짖더라도 다른 사람 앞에서는 그 허물을 가려 주길 원하듯이 하나님도 때로는 나를 꾸짖고 깨닫게 하실 때 가 있지만 사탄 원수 앞에서는 예수님의 피로 내 허물을 덮어 주 셨다. 아무리 나를 나의 죄와 허물로 참소하고 공격한다 할지라도 예수님의 피로 용서받은, 하나님의 자녀인 나는 그것들과 상관이 없다.

하나님이 저주하지 않으신 자를 내가 저주할 수 없고 여호와께 서 꾸짖지 않으신 자를 내가 꾸짖을 수 없는데 나는 때로 누군가 를 향하여 내 마음대로 함부로 저주하고 미워할 때가 많다. 하나님이 포기하지 않으신 자를 내가 포기해서도 안 된다. 함부로 저주하고 싶어 하는 발락 같은 자가 아니라 내 마음과 다르다 할지라도 여호와께서 주시는 말씀을 전하는 발람이 되어야 하지 않겠는가?

다윗은 시므이가 돌을 던지며 따라와 자신을 저주할 때에도 이 또한 여호와의 허락하심일 테니 저주하도록 내버려 두라고 한다. 나는 다른 사람을 함부로 저주하고 미워하기는 잘하여도 내가 누군가의 저주의 대상이 되는 것은 견디지 못한다. 항상 내가 주인이 되려는 마음 때문이 아닐까?

모든 것에 하나님의 허락하심이 있다는 것을 인정하는 다윗의 믿음도 필요하고 이해가 되지 않아도, 유익이 없어도, 내 마음과 달라도 순종할 수 있는 믿음도 필요할 것이다. 기도 수첩을 다시 꺼내고 기억나는 이름을 하나씩 적으면서 이제 아침마다 나도 그들에게 축복을 전하는 자가 되기로 해 본다.

하나님은 나의 어떤 약함이나 아픔도, 강함으로 바꿔 주신다. 주님의 은혜 앞에 머무는 것이 바로 그 비결이라고 했다. 난 하나님 은혜 앞에서 눈물 흘리는 남자들을 보면 그 모습이 여자의 눈물보다 더 귀해 보인다. 난 우리 아들이 하나님 앞에서 눈물 흘릴 줄 아는 자, 하나님 앞에서는 약하고 약해져서 하나님을 꼭 붙드는 사람이면 좋겠다.

아프니까

지난밤에 너무 많이 아팠다. 교회에 갈 수 있을까, 이 몸으로도 가야 할까 싶을 정도로 식은땀과 온몸의 통증 때문에 힘들었는데 육신의 아픔 때문에 생명의 말씀을 놓칠 수 없다는 사모함으로, 말씀 중에 치유하실 거라는 기대와 믿음으로 억지로 겨우 겨우 예배 자리에 나갔다. 많은 병자들이 고침 받기 위해 어떻게 해서든지 예수님께 나왔는데 나는 아프다고 '예수님 저 오늘 못 가요. 죄송해요' 하는 것이 어찌 믿는 자의 모습이겠는가 싶었다. 역시나 찬양과 말씀 가운데 조금씩 회복되어짐을 느꼈다. 너무나 은혜롭고 내게 필요한 말씀을 주셨다. 우리의 싸움은 혈과 육의 싸움이 아니요, 영의 전쟁임을 선포하셨고 그 싸움에서 우리는 반드시 이겨야 한다고 하셨다. 내 육신의 연약함을 핑계로 예배를 빠지지 않고 나갈 수 있도록 믿음을 주시고 도와주신 성령님 감사합니다. 기도로 내 삶이 달라진다고 한다. 피곤해서, 기도할 기분이 아니라서 등의 이유로 기도를 미루는 것은 우상숭배를 하는 것이라 했다. 내 육신을 하나님보다 더 사랑하는 것이라 했다. 내 육신에 지는 것은 하나님을 대적하는 것이라고 했다. 우리가 너무도 아무렇지도 않게, 당연하게 생각하고 핑계 대던 것들이 마귀의 유혹이었음을 알게 되었다.

2010년의 일기다.

요즘 갱년기 때문에 너무 아프다. 주일이지만 일어나지 못하고 예배의 자리에 빠진 적이 몇 번 있을 정도다. 예전엔 아무리 아파도 예배 자리에 빠진다는 걸 생각지도 못했는데 내 마음이 이렇게 변질되었나 보다. 변질되었다는 건 처음의 간절함이 사라졌다는 건지도 모른다. 예전엔 아프니까 더 예배의 자리에 나갔는데, 요즘은 아프니까 예배의 자리를 소홀히 하고 있었다. 내 마음이 한결같지 못하고, 편해지고, 좀 살 만해지니 금방 하나님에게서 뒤돌아서 버리는 나를 발견하게 되었다.

연말에 하나님 앞에 1년 동안 나의 서약을 정하는 시간이 있었다. 한때는 주일 예배에 빠지지 않고 나가는 것을 하나님 앞에서의 약속으로 매년 걸기도 했었다. 그러나 말씀을 사모하는 마음이 생기다 보니 억지로 하지 않아도 주일에 예배를 드리는 것이 자연스럽게 나의 우선순위가 되었다. 서약으로 다시 정하지 않아도 난 하나님 앞에 예배자로 나갈 수 있었다.

그런데 참 희한했다. 셀 예배 전날만 되면 자꾸 셀 예배를 빠지고 싶은 유혹과 핑계를 만들게 되는 것이었다. 어느 날도 가기 싫은 마음을 억지로 일으켜 셀 예배를 드리러 교회로 갔다. 그것도 30분이나 늦게 가서 문을 조심스럽게 열었는데 아무도 없는 방 안에서 셀 리더 혼자서 기도를 하고 있었다. 셀 리더에게 미안한 마음이 들었다. 그 이후로 나는 셀 예배를 절대 빠지지 않겠다는 결심을 했다.

그러나 간혹 마음이 흔들릴 때도 있었다. 그럼에도 불구하고 작정한 대로 무조건 예배의 자리에 일단 나가는 것이 바로 내가 승리

하는 것이었다. 그러면서 나는 조금씩 자라 가고 있었다. 믿음이 커 가는 것은 대단한 무언가를 해야 이뤄지는 것이 아니다. 있어야 할 자리를 지키는 작은 것으로부터 내 믿음은 조금씩 자라기 시작했다.

그 후로 몇 개월 동안 우리 셀에는 여러 사정이 있어서 셀 리더와 나 둘이서만 셀 예배를 드리게 되었었는데, 그 시간 동안 난 마음껏 내 안의 문제들을 셀 리더 앞에서 끄집어내고 기도할 수 있었고 점점 회복되어 갔다. 하나님이 강권적으로 이끌어 가신 시간들이었고, 나를 위하여 준비해 두신 시간이었음을 나중에 알게 되었다. 아프니까, 바쁘니까, 귀찮아서 하나님께 나오기를 피하거나 미루는 것은 손해다. 엄청난 손해다.

나는

저로 하여금 담대히 하나님 말씀을 전하게 하여 주시오며 손을 내밀어 병을 낫게 하시옵고 표적과 기사가 거룩한 종 예수의 이름으로 이루어지게 하옵소서

주 여호와께서 학자들의 혀를 내게 주사 나로 곤고한 자를 말로 어떻게 도와줄 줄을 알게 하시고 아침마다 깨우치시되 나의 귀를 깨우치사 학자들 같이 알아듣게 하시도다

여호와께서 요셉과 함께 하심이라 여호와께서 그를 범사에 형통하게 하셨더라

한때 내가 원하던 내 모습을 담은 기도다. 딱 저렇게 살고 싶었다. 하나님은 한 사람을 세우기 위하여 여러 사람을 쓰시기도 하지만 꼭 필요한 한 사람을 쓰시기도 하는 것 같다. 나도 누군가를 위해서 기도해야 한다는 마음의 부담을 느낀 적이 있었다. 그러나 그때는 내가 그 거룩한 부담을 제대로 알아차리지 못했던 것 같다. 섬기라고 보내준 자들을 더 사랑하지 못하고 섬기지 못했다. 친구를 더 사랑하지 못하고, 남편을 더 사랑하지 못하고, 내 아들조차도 더 사랑하지 못했다.

오늘 아침도 너무 아팠다. 손가락은 퉁퉁 부어서 쥐었다 폈다 하기도 불편하고 온몸의 뼈마디는 욱신거리며 너무 아팠다. 아픈

것이 사라지면 좋겠다. 몸의 이 통증들이 사라지면 좋겠다. 몸이 아플 때마다 나는 하나님을 부를 수밖에 없다. 하나님께 갈 수밖에 없다. 내게는 건강도 없고, 체력도 떨어졌다. 나를 끔찍이 위하는 남편의 사랑이 있는 것도 아니고 돈이 있는 것도 아니며 직장이 있는 것도 아니고 온통 부족하고 없는 것투성이다.

그래서 하나님만 의지할 수밖에 없다. 그럼에도 불구하고 하나님만 의지할 수밖에 없다. 건강해져서 일을 하고 싶다. 세상에서 돈도 벌고 싶고, 하나님 일도 열심히 하고 싶다. 건강하게 세상에서 우뚝 서고 싶다. 건강하게 하나님 앞에 엎드리고 싶다. 모든 걸 다 잃어버리고 아버지 앞으로 돌아올 수밖에 없었던 탕자처럼 나도 내게 있는 것을 다 잃어버리고 나서야 하나님께로 올 수밖에 없는 자였던 것일까? 어쩔 수 없어서 엎드림이 아니라 많은 할 수 있는 것 중에서 엎드릴 수 있다면 더 좋을 텐데, 나는 어쩔 수 없는 상황이 되어서야 하나님 앞에 엎드리고 나오게 된다. 엎드려 기어서 나오는 나를 본다.

마음이 계속 편치 않다. 아침부터 무언가 때문에 불편했다. 왜 그럴까 내 마음을 들여다보니 아마 이번 주 셀 리더로 임명되는 게 부담스러운 것 같다. 소꿉놀이가 아니고 교회놀이가 아니니 그냥 좋을 수만은 없겠지. 영혼을 맡기시는 것인데, 내가 자격이 있는가 하는 생각에 부담이 가는 건 당연하다. 두렵고 떨리는 것도 당연한 것이다. 무엇보다도 나를 다시 세우시려고, 내 무릎을 기도의 무릎으로 다시 꿇게 하시려고 하나님은 나를 부르시는 것 같았다. 은근슬쩍 넘어가면서 내가 지으려던 죄를 막으시고 더 큰 죄 가운데로 걸어가지 못하도록, 하나님을 잊어버리고 또 다시 낙심 중에 허우적거리지 아니하도록 미리 나를 부르시는 건지도 모른다. 아마 그렇다면 하나님 마음은 급하셨나 보다. 죄로 달려가는 내 걸음보다 빨라야 했나 보다. 이젠 모든 것을 하나님의 시간표에 우선순위를 두고 움직여야 하는데, 아직 내 마음이 그걸 싫어 하는 건 아닌지 모르겠다.

　마침 담임 목사님의 전화를 받았다. 셀 리더로 섬기기로 결정해 줘서 감사하다고 하셨다.

"잘 하실 겁니다. 그리고 못해도 괜찮습니다. 잘해서 하는 사람 아무도 없습니다. 순종해서 가는 그 마음이 귀한 겁니다."

　못해도 괜찮다는 말씀이 위로가 되었다. 난 여태껏 뭐든 하면 잘하려고 했고, 잘해야 한다고 생각했기에 혼자 끙끙거릴 때가 많았다. 마음만 먹으면 나도 뭐든 잘할 수 있다고, 시켜만 주면 최선을 다해 잘할 수 있다고 생각해 왔다. 일이 맡겨지면 신발 끈부터 묶고 덤벼들기도 했다. 그러나 혼자 아무리 잘해 보겠다고 용을 써 봤자 나중에 보면 별거 없었다. 지금은 진짜 내가 잘할 수 있는 여건도 자격도 없다는 걸 알기에 잘하고자 하는 내 욕심은 내려놓는다. 그냥 함께 가는 것으로 마음을 잡는다. 내가 어딘가에 속하게 해 주시고 그 속함이 가장 귀한 곳이 되게 해 주셔서 그저 하나님의 나타나 도우심을 바라볼 수밖에 없다. 그래서 잘하겠다고 열심히 하겠다고 요란스럽게 떠들지 않으려고 한다. 그저 묵묵히 가려고 한다.

　첫 책을 낼 때 초고를 써서 투고를 하긴 했지만 쓰고 보니 참 부끄러운 글이었다. 처음엔 속이 시원했다. 그러나 남편에 대한 생각들을 털어놓고 내가 얼마나 괜찮은 사람인지 열심히 살아왔는지 내보인 듯한 글을 써 놓고 보니 너무 부끄러워 다시 그 글을 빼앗아 오고 싶었다. 특별한 주제도 없는 그저 내 삶의 넋두리 같았다.

세상에는 뛰어나고, 특별한 사람들이 많다. 모두 자기 자리에서 나름의 특별함으로 제 몫을 다하고 있다. 그들 앞에서 난 자꾸 작아지고 주눅이 들지만 그래도 나 역시도 소중한 존재임을 잊지 말자.

내 아들이 어떤 특별한 뭔가를 해서 내게 소중한 것이 아니라 존재만으로도 내게 소중하듯이 나도 하나님 앞에서 그런 자이다. 내가 그 아이를 생각하는 것만으로도 기쁨을 느끼듯이 나도 하나님 앞에서 그런 자이다.

이제부터 다시 하자. 이제부터 내가 무엇을 줄 수 있는지, 무엇을 할 수 있는지, 작은 것 하나라도 내가 먼저 하는 것, 주는 것을 실천하자. 받은 복을 헤아리는 것도 필요하지만 내가 베푼 복도 얼마나 되는지 헤아려 볼 필요가 있다.

애정결핍

아들은 우리 집에서 첫 아이었다. 내가 장녀이다 보니 아들은 할머니, 할아버지 사랑은 물론이고 이모들 사랑, 삼촌 사랑을 한 몸에 받고, 온 동네 어른들의 사랑을 다 받았었다. 그러다가 이모들이 결혼을 하고 동생들이 태어나자 아들에게 쏠렸던 눈길들은 자연스럽게 다른 조카들에게로 향하게 되었다. 큰조카를 사랑하고 예뻐해 주던 이모들도 자기 아들딸들을 더 예뻐하게 되었다. 이에 아들은 약간 충격을 받는 듯했다. 그날의 어리둥절해하던 아들 눈빛을 잊을 수가 없다. 모두들 나만 바라보고 나만 사랑해 줬는데 이젠 내가 아니라 다른 사람을 더 많이 바라보고, 더 예뻐하고, 더 기뻐하고 있으니 아들은 사랑을 뺏겼다는 극심한 좌절감이 들었을지도 모른다. 동생이 태어나면 큰아이가 부모의 사랑을 나눠 갖게 되는 것에 대해 느끼는 감정은 이성 간의 질투심만큼이나 강력하다는 이야기를 언젠가 들었다.

그 이후로 아들은 거의 6학년이 될 때까지 가족들 앞에서 어리광을 넘어서 똥고집을 부리곤 했었다. 언제 어떻게 트집을 잡아서 또 고집을 부리고 성질을 부릴지 예측할 수가 없었다. 마치 늘 조심해야 하는 폭탄 같았다. 그 당시에는 좋지 못한 틱 증세도 있었는데 아무리 끊게 하고 싶어도 더 심해져갈 뿐이었다. 그것 또한 아들의 불안한 심리 상태를 나타내는 것이었음을 알았다.

그때 아들을 더 많이 사랑해 줬어야 했다. 불안해하지 않도록 마음을 더 따뜻하게 해 줬어야 했다. 아들은 사랑을 잃어버릴까 봐, 사랑을 뺏겨 버린 것 같아 불안했던 거다. 그때 아들 마음을 충분히 위로해 주고 안정시켜 줬으면 그렇게까지 투정과 고집을 부리지 않았을 텐데.

어른도 그 사랑이 변해가는 걸 감지할 때, 내게 있던 사랑이 돌아선다는 것을 느끼게 될 때, 극한 두려움과 질투심에 어쩔 줄을 모른다. 변한 거 아니라고, 충분한 몇 마디 말로라도 달래줄 때는 그래도 그 마음을 믿고 기다릴 수 있다. 돌아서는 사랑을 보면서, 그리고 다독여 주는 사랑을 보면서 사람은 사랑을 잃어버리는 것에 극심한 두려움을 가질 수 있다는 걸 알았다.

내 마음이 불안하니까, 나를 봐 달라고, 나를 다시 사랑해달라고, 트집도 부리고, 투정도 하고, 시비도 걸고 하는 것이다. 그 이면의 소리를 들어보면 나를 다시 사랑해 달라는 아우성이었다. 처음부터 그런 사랑을 안 받았더라면 기대하지 않았을지도 모른다. 그 사랑을 맛보고 행복해했는데, 내게 줬던 그 사랑이 다른 이에게로 돌아서는 것을 느낄 때 아들이 할 수 있는 관심받기 위한 표현은 그런 것이었던 거다. 꾸중을 듣고, 눈총을 받으면서도 그렇게라도 관심받고 싶어 했던 거다. 사랑을 받아야 할 때에 아들의 그 마음을 잘 받아 주지 못해서 참 미안하다.

사람은 누구나 나를 나타내고자 한다. 드러내고 싶어 한다. 나처럼 외롭다고 징징거리는 사람도 있고 그저 말장난으로 자신의 존재를 보이고 싶어 하는 이도 있다. 본인은 모르지만 저 사람은 저렇게 자기를 보이고 싶어 하는구나 하는 게 보인다. 다른 사람도 내가 보일 것이다. 나는 아닌 척 해도 내가 왜 그러는지, 무얼 하고 있는지 보일 것이다. 내 마음이 누군가에게 외면당하고 거부당해 보니 그때 내가 돌아보지 못한 아들의 마음을 알게 됐고, 아들의 문제 행동의 원인을 알 것 같다. 지극한 사랑에 푹 빠져 보면, 어떤 상황에도 이 사랑은 흔들림이 없다는 안정감을 느끼게 되면, 더 이상 불안하지도 화가 나지도 우울해하지도 않을 것이다.

나도 한때 그 사랑에 푹 빠져 보고 싶었다. 그 사랑이 부족하다 보니, 자주 화도 났다가 불안해서 다른 사람을 자꾸 들여다보기도 하고 무언가로 대리 만족을 하려고 했다. 난 그것이 나중에야 애정 결핍임을 알았다. 내가 자꾸 누군가를 힐끗거리는 것은 내 안의 불안함 때문이었다. 충분한 사랑을 받게 된다면 내게 있는 나쁜 습관들이 저절로 사라질 것 같았다.

욕심

어느 누가 내게 욕심이 많은 사람이라고 했다. 난 그저 일 욕심이 많다고 생각했었다. 그저 사람 욕심이 많다고 생각했었다. 대신에 내 욕심은 없다고 생각했다. 그런데 아니었다. 나는 뭔가 되고자 하는 내 욕심이 가득한 자였다. 그래서 난 내 곁의 사람들을 그렇게 괴롭혔나 보다. 그래서 난 내 이야기를 그렇게 하고 싶어 했나 보다. 나 좀 알아 달라고, 날 좀 특별하게 봐 달라고, 결국은 내가 무언가가 되기 위해, 나는 무언가를 해 준 거였다.

마태복음 4장 3절과 6절은 '네가 만일 하나님의 아들이어든'이라는 말로 시작한다. 사탄은 끊임없이 내게 집중하게 만들고 내가 누구인가를 의심하게 하며 시험한다. 내가 이런 사람인데 이 정도는 할 수 있다, 이 정도는 해 줘야 한다는 생각으로 가득하게 만든다. 사람들과의 관계에 있어서도 내가, 내가, 하다 보면 섭섭해지고 서로에게 상처를 준다. 내가 다른 이에게 어떤 존재가 되려는 욕심보다는 내가 다른 사람을 위하여 무엇을 해 줄 것인가가 더 중요하겠다.

떡으로만 살 것이 아니요 하나님의 말씀으로 사는 것.
주 하나님을 시험하지 않는 것.
주 하나님께 경배하고 섬기는 것.

여태까지 난 하나님 말씀보다 떡을 더 좋아하고 찾았겠지.
끊임없이 하나님을 시험했겠지.
하나님이 아닌 다른 것을 더 섬기며 살았겠지.

돌이키지 않는
죄

내게 있는 문제를 고침 받으려면 내 눈으로 보고 마음으로 깨달은 것을 돌이키는 과정이 있어야 한다. 그냥 깨닫기만 해서는 안 되며 돌이키고자 하는 나의 의지가 있어야 한다. 그러나 내 마음이 완고해져 있으면 아무리 보아도, 아무리 마음으로 깨달아도 돌이키고자 하는 마음은 없다.

나는 지금 몰라서가 아니라, 깨닫지 못해서가 아니라 그저 돌이키지 아니하는 죄 가운데 있다. 하나님, 내가 잘못한다는 걸 내게 보여 줘 보세요. 잘못하고 있음을 주위환경을 통하여 꾸짖어 보세요, 라며 은근히 하나님을 기만하고 있었다. 그런데 그건 더 이상 깨닫게 할 필요도 없고 꾸짖을 필요도 없는 것이었다. 명백하게 잘못하고 있다는 걸 나 스스로 알고 있었으니까. 알면서도 돌이키지 않고 있었으니까.

하나님은 나를 위해 일하시고 이루어 주신다. 그러나 하나님은 나의 영혼, 하나님과의 관계에 더 많은 관심이 있으시다. 물론 세상에서의 잘됨도 하나님이 이루어 주시지만 먼저 내 영혼이 잘되길 바라신다.

어떤 일을 하라고 하셨을 때, 꼭 그 일이 성공하지 않을 수도 있다. 난 하나님이 허락하신 일이라면, 기도 응답으로 시작한 일이라면, 반드시 성공할 것이고 또 그렇게 되어야 한다고 믿고 있었다. 그런데 그렇지 않을 수도 있다는 것을 알았다. 그 일의 성공보다 더 중요한 건 내 안의 무언가를 이루기 위한 수단이 될 수도, 하나의 방법이 될 수도 있는 것이 바로 하나님의 뜻일 수 있다는 것을 알았다.

항상 하나님의 뜻을 내 관점에서만 찾았다. 내게 유리한 대로만 찾았다. 항상 감사하자. 즉시 응답해 주지 않는 것도 나를 위해서일 것이다. 하나님은 정말 중요한 것은 내 생각보다 한발씩 늦추어 응답하시는 것 같다. 내 반응을 한 번 살펴보시는 것 같다. 그러나 이제는 그것이 내게 더 유익하다는 것을 안다.

대청소

산뜻한 사람이고 싶은데 잘 안 된다. 자꾸 우중충하고, 질퍽거리고, 구질구질하다 못해 *꼬질꼬질한* 것 같다.

내가 두려웠던 건 침묵이었다. 바빠서 그러는 게 아니라 내게만 나눠 주지 않는 무심한 마음인 것 같아서, 나만 버리고 가는 것 같아서, 나만 못 본 척 지나쳐 버리는 것 같아서 그 무심함을 견딜 수가 없었다. 그래서 자꾸 확인하고 싶어 하고, 무슨 핑계로라도 말 걸고 싶어 했다. 내게 싸움을 걸어도 괜찮았고, 트집을 잡아도 상관없었고, 뭐라고 놀려도 괜찮았는데, 없는 사람 취급하는 것이 제일 견디기 힘들었다. 내가 그런 대접을 받는 자라는 것이 싫었다.

누군가 내게 보내는 마음이 이제 내 것이다 싶을 때 가끔은 내 것이 된 것 같은 그 마음을 함부로 하고 싶어 하는 마음 또한 있다. 은근히 무시하고 싶어 하고, 모르는 척 해도 될 것 같고, 이젠 가지게 된 그 마음을 버리고 싶어질 때가 있나 보더라. 그러니 마음의 주인을 함부로 바꿔서는 안 된다. 주인이 바뀌는 순간 종이 되는 것이니까.

누군가에게 외면당한다는 건 이런 거구나… 누군가의 눈길에서 거부당한다는 건 이런 거구나… 누군가의 관심에서 벗어난다는 건 이런 거구나… 아니까 이해해 줄 거라고, 받아 줄 거라고 생각했었는데 너무 잘 아니까 이렇게 거부하기도 쉽구나.

사람을 믿는다는 것, 마음을 준다는 것, 그리고 그 사람의 마음을 받는다는 것, 참 어려운 일이다. 누군가에게로 몸이 가고 싶다는 것은 벌써 마음은 저만치 갔다는 뜻이다. 달려가는 그 마음을 잡고 싶은데 몸보다 마음의 속도가 더 빠른 법이라 저만치 앞서간 마음을 잡을 수가 없었다. 이제 제자리에 서서 달려간 내 마음이 돌아오기를 기다린다. 지금은 그냥 기다리는 게 내가 할 일이다. 억지로 데려오려고 하면 몸과 마음이 다 힘들다. 마음이 그냥 힘이 풀려 제자리로 올 때까지 그냥 기다릴 거다. 그냥….

나도 얼마나 예수님의 마음을 함부로 하고, 모른 척 할 때가 많았으며, 얼마나 그 눈길을 피하고 싶을 때가 많았는가. 내 마음대로 여기저기 기웃거리고 다니다가 아무 때나, 아무렇게나 언제든지 다시 찾아가도 괜찮은 분이라고 얼마나 함부로 그 사랑을, 그 기다림을 외면했던가.

오늘은 대청소도 하고 목욕하고 빡빡 문질러서 내 몸에, 내 마음에 꼬질꼬질하게 붙은 걸 다 버려야겠다. 야! 내 안에 꼬질이들. 나가라. 이제!

착각

또 넘어졌다
이제 겨우 딱지가 앉아 무디어져 가나 싶었는데
넘어진 자리 또 넘어지니 더 아프다
또 넘어져서 억울하고 분하다
걸렸던 바로 그 돌부리에 또 걸리다니
더 분하다
그리고 난 어쩔 수 없구나 하는
자괴감마저 몰려온다

그러나
하루 참고
사흘을 참고
일주일만 참으면
한 달을 참아 내기는 수월할 거고
생각을 멈추기가 수월할 거다
그러다가 내게 다시
작은 돌멩이 하나 던져져도
내 맘에는 별로 요동함이 없는 날이
올 것이고
이름을 들어도 아무렇지 않은 날이

올 것이고
언젠가 우연히 부딪치게 되어도
아무렇지 않게 지나칠 수 있는 날이
올 것이다
아마 꼭 그렇게 될 거다
그러니 우선은 오늘부터 참자
그리고 사흘만 더 참아보고
그렇게 일주일을 더 참아보자
그 마음도 내 마음 같을 거라고
내가 자꾸 착각하고 있나 보다
모든 사람은 관심받기를 좋아하지만
지나친 관심은 피하고 거부하고 싶어 한다
난 너무 내 생각만으로
지나친 관심을 줘서
누군가를 질리게 해 버렸는지도 모르겠다

내 가슴속
그리움은 누구?

사람은 누구나 가슴 속에 그리움 하나쯤
품고 키우고 살아간다

내 가슴속 그리움은 누구?

매일 아침 무언가를 기다리면서
또 그 기다림이
하루 종일로 이어지면서
결국은 그리움으로 변하기도 한다
가을의 시간은 너무도 쉽게
그리움이 쑥쑥 커 가게 만든다

매일 바라보는 이가 있고
매일 생각나는 이가 있고
매일 기다리는 이가 있고
매일 내 가슴에 사는 이가 있다

누군가에게 이쁨을 받는다는 건
설레는 일이다
기분 좋은 일이다

내가 살아나는 일이다

진심이 통하면 상대방의 꼭꼭 잠겼던
마음의 문도 열릴 것이다
몸속이든, 마음속이든
누군가의 속으로 들어간다는 건
짜릿한 순간이다

좋다
가슴속에 누구든지 예쁜 모습 하나
자리 잡고 있다는 건
행복한 일이다

둘

선물 같은 삶

평생 나를 붙들어 준
하나님께 드리는
어린아이 같은 고백

하나님도
그렇지요?

아들을 보면서 하나님 마음을 알아가게 하신다. 나는 아들이 내 앞에서 완벽해지려고 애쓰는 것도 원하지 않고, 자기가 만든 형식과 틀에 매여 힘들어하는 것도 원하지 않으며, 내 앞에서 잘하지 못한다고 늘 죄송해하면서 사는 것도 원하지 않는다. 그저 엄마인 내게 편안하고 즐거운 마음으로 나아오길 원하며 아무 때나 나를 안아 주길 원한다. 하나님도 그러시겠지? 그저 어린아이처럼 하나님을 부르며 나아오는 것을 원하시겠지?

하나님 앞에서 너무 잘하려고 하는 내 힘을 좀 빼고 하나님의 힘을 의지해야 한다. 아들이 한때 언제부터인가 약간의 틱을 가지게 되어서 혼자 이상한 습관을 보이거나 소리를 낼 때가 있었다. 달래기도 하고 꾸짖기도 해 봤지만 그래도 방에서 쿵쿵거리는 소리를 낼 때는 듣기 싫었고 시시때때로 부엌에 나와 먹을 것만 찾는 것도 어쩔 땐 보기 싫었다. 내가 시키는 것은 당연히 하지 않으면서 자기가 원하는 것은 뻔뻔스럽게도 요구하는 것을 볼 땐 화가 나기도 했다. 그래도 난 엄마니까 해 줘야 했다. 나도 하나님 앞에서 그런 모습이었겠지?

하나님께서 시키는 일은 슬그머니 못 들은 척, 모르는 척, 못 본 척 뒤로 제쳐 놓고 무릎 꿇고 눈감고 앉아서는 이것도 주시고, 저

것도 주시고… 그러다가 왜 내게는 빨리 안 주시냐고 따지고 있는 그런 나의 뻔뻔스러움과 같은 거겠지? 어떤 일을 특별히 잘할 때보다도, 상을 타 올 때보다도 기쁜 순간은 아들과 이야기가 통할 때다. 아들이 내 마음을 읽어 주고 "네"라고 한마디 대답을 해 줄 때 내 마음은 더 기쁘다. 하나님도 그렇지요?

그러나 난 아들이 내게 다가오는 그 뻔뻔스러움도 좋다. 엄마니까, 아들이니까 아무렇지 않게 요구할 수 있는 그 뻔뻔스러움. 뻔뻔스러움은 특별한 관계임을 인정하는 것이 아닐까. 그건 감사한 일이다. 나도 하나님 앞에 좀 더 뻔뻔스러움이 필요한지도 모른다. 어쩌면 우리 하나님은 나의 그 뻔뻔스러움조차도 기다리고 있을지도 모른다. 그렇지요 하나님?

내가 잘 챙겨주던 동생이 있었는데 그 동생을 보면 참 해 주고 싶은 말이 많았지만 어느 날부터 난 아무 말도 할 수가 없었다. 내가 무슨 말을 하려고 부르면 대답은 해 놓고 항상 다른 변명, 핑계거리로 귀를 닫아 버리고 말을 돌려 버리곤 했으니까. 나도 점점 그 모습에 익숙해져서 부르는 일을 그만둬 버렸다. 그러면서 어쩌면 나도 하나님 앞에서 이런 모습은 아닐까 싶었다. 하나님이 "지연아" 부르실 때마다 "네, 하나님, 그런데 잠깐만요" 하고 꽁무니 빼는 모습. 하나님도 몇 번을 그렇게 뒤로 밀리다 보면 아무 말 없이 그냥 기다리시는 거겠지. 내가 스스로 하나님 앞에 찾아올 때까지.

나를 먹이시는
하나님

정말 숟가락만 들고 앉으면 되는 다 차려진 밥상, 그것도 진수성찬을 차려 주신 하나님이셨다. 그런데 난 그곳에 선뜻 앉기를 주저하고 있다. 내가 덥석 앉았다가 내 자리가 아니라고, 비켜 달라고할까 봐 그 자리에 가기를 두려워하고 있다. 그저 상황을 좀 더 지켜보고 있는 것이다. 이번엔 진짜인지, 정말 하나님이 주신 것이맞는지, 정말 나 먹으라고 차려 주신 것이 맞는지, 다른 진짜 주인이 있는 건 아닌지 그저 조금 덤덤한 마음으로 살펴보고 있는 것이다.

지난번에 차려 주신 상과는 확실히 달랐다. 그때는 상은 차려놓았는데 먹을 것은 없었다. 지금은 진수성찬으로 차려진 상이다.그때도 갑자기 쫓겨나듯 나와야 했기에 어이가 없기도 했지만 더좋은 걸 예비해 주실 하나님을 기다렸다. 무언가 하나님의 뜻이 있을 거라는 생각으로 신뢰했다.

그때 하나님을 원망하지 아니하고 낙심하지 아니했다. 이해가되지 않았지만 하나님을 인정하기를 잘했다는 생각이다. 모든 것에는 때가 있고, 이유가 있는데 내 힘으로 가지려고 하고, 뺏으려고 하고, 지키려고 하다가 사람도 잃고, 믿음도 잃고, 나도 잃어버릴 수 있다. 미워하지 아니하고, 욕심내지 아니하고, 원망하지 아니하고 받아들이고, 감사하며, 기다린 것 참 잘했다. 내 입에서 하나님을 원망하지 아니한 것, 사람을 미워하지 아니한 것, 내가 낙심하지 아니한 것, 참 잘했다. 참 다행이다.

난 오늘 그 진수성찬을 먹으러 가야 한다. 머뭇거리고 있었는데 어쩔 수 없이 가도록 등 떠밀려서 잡아끄는 힘에 이끌려서 가야 한다. 아직도 내 자리가 맞을까 하면서⋯ 오늘은 가서 맛만 보고 와야겠다. 어쩌면 지금은 '이 산지를 내게 주소서'라고 하는 갈렙의 믿음이 필요한 때인지도 모른다.

아버지는 우리를 위해서는 뭐든지 다 해 주려고 하셨고, 뭐든지 챙겨 주고 싶어 하셨다. 가부장적이고 권위적인 건 우리 집에서 찾아 볼 수가 없었다. 그냥 친구였다. 아버지는 일을 마치고 돌아오실 때는 잠바 안에 먹을 것을 감춰서 들어오셨다. 우리 네 형제는 아버지가 들어오시면 좋아서 서로 먼저 달려가 안기곤 했는데 아버지 가슴 속에서 부스럭거리는 소리가 나서 지퍼를 열어 보면 한가득 먹을 것을 꺼내 놓으셨다. 그 후로 우리는 아버지께 안겨서는 일부러 가슴을 툭툭 쳐 보곤 했었다. 계절 과일을 늘 한 상자씩 사다 놓고는 우리가 마음껏 먹도록 해 주셨다.

어릴 적 내가 지나다니는 길목 어느 집에 무화과나무가 있었다. 여름에 무화과가 탐스럽게 열리는 걸 보고 어떤 맛일지 먹어 보고 싶었다. 남의 집 마당에 심긴 것이니 손은 못 대고 지나다니며 볼 때마다 먹어 보고 싶다는 생각만 했다. 요즘은 마트에서도 무화과를 많이 판다. 어릴 적 그 집에서 보았던 무화과가 마트에 진열되어 있는 걸 보니 반가우면서도 신기했다. 그러나 어릴 적 내 기억 속의 나무에 달린 무화과에 비할 바는 못 되었다. 참 감사하게도 우리가 이사한 집에 무화과나무가 있었다. 겨울에 이사해서 처음에는 무슨 나무인지 몰랐는데 여름이 되자 무화과가 주렁주렁 열렸다. 주인아주머니는 무화과를 맘껏 따 먹어도 된다고 하셨고 일부러 한 소쿠리씩 따서 올려다 주기도 하셨다.

요즘 매일 무화과를 먹게 해 주시는 하나님, 내가 먹어 보고 싶다 했던 무화과를 잊지 않고 마음껏 먹게 해 주시는 하나님. 오늘 아침도 무화과를 먹으면서 뭐든지 먹이고 싶어 하셨던 아버지 마음이 기억났고 또 날 먹이시는 하나님 아버지의 손길과 마음도 느꼈다.

사랑을 받아 본 사람이 줄 줄도 알고 받을 줄도 아는 법이다. 주는 것도 받는 것도 감사히 할 수 있도록 가르쳐 주셔서 추억 속의 좋은 길을 걷도록 해 주신 부모님께 감사하다.

온 집안이
다 믿는 구원의 역사

그의 아버지가 예수께서 네 아들이 살아있다 말씀하신

그때인 줄 알고 자기와 그 온 집안이 다 믿으니라 *(요한복음 4:53)*

왕의 신하가 아들의 병을 고쳐 주신 예수님의 말씀을 믿고 돌아 가서는 자기와 그 온 집안이 다 믿는 구원의 역사가 일어난다. 네 아들이 살아 있다 하는 말씀 한마디만 듣고도 집으로 돌아갈 수 있었던 그 믿음도 크지만, 그로 인해 온 가족이 믿게 되는 그 모습 도 대단한 일이라는 생각이 든다.

나도 어릴 적 아파서 수술이 잘못되었지만 하나님의 은혜로 살 아나는 기적을 체험했다. 그 당시에는 나보다도 우리 부모님께 더 기쁜 소식이었을 것 같다. 엄마는 항상 내게 "너의 병은 예수님이 낫게 해 주셨다"고 입버릇처럼 말씀하셨지만 교회는 안 다니셨다. 나중엔 점점 그 은혜가 잊혔다. 내가 이사벨여고(미션스쿨)에 입학했 을 때는 '예수쟁이 학교'라고 아주 싫어하기도 하셨고, 고3 때는 나 몰래 책상 밑, 베개 속에 부적을 숨겨 놓으시기도 했다.

나중에 내가 엄마께 물었다. 엄마는 예수님이 날 낫게 해 주셨 다고 말은 하면서 교회는 왜 안 다녔냐고. 그랬더니 하시는 말씀이 아무도 교회 가자고 하는 사람이 없었단다. 분명 그때 누군가가 우리 엄마를 교회로 인도했더라면 우리도 '자기와 그 온 집안이 다 믿는 가정'이 되었을 텐데… 엄마의 대답을 듣고는 참 안타까웠다.

교회 생활을 하면서 자녀를 위한 엄마의 축복기도가 부러웠었다. 어쩌면 그때 누군가 한 사람의 복음의 통로인 인도자가 있었더라면, 그때 엄마가 먼저 예수님을 구주로 영접하고 믿음의 기도의 씨를 뿌렸더라면, 우리도 자기와 그 온 집안이 믿는 믿음의 가정이 되었을 테고 나의 인생도 달라지지 않았을까 하는 생각이 들었다.

아버지께서 총각 시절부터 일하셨던 회사에서는 직원들이 주일마다 교회에 가서 예배를 드리고 주보를 가져오면 수당을 더 줬다고 한다. 아버지도 그 수당을 더 받으려고 교회에 가셨다. 회사에서 그래도 어느 정도 자리가 있던 터라 윗분에게 잘 보이기 위해서라도 나가야 했단다. 어느 날은 예배당 맨 앞자리에 앉아 있었단다. 그런데 장로님께서 대표기도를 하실 때 졸다가 그 옆으로 꽈당하고 넘어지셨다고 한다. 그 이후로 너무 창피해서 교회를 가지 않으셨다고 한다. 나는 내가 우리 가정에 믿음의 씨앗을 먼저 뿌린 자라고 생각했었다. 그런데 내가 아니었다. 아버지가 우리 가정에 먼저 믿음의 씨앗을 뿌린 것임을 알았다. 원했든 원하지 않았든 아버지는 하나님 앞에 먼저 나갔던 분이셨고, 하나님은 아버지를 기억하고 계셨다. 억지로라도 나가 주셨던 아버지가 참 감사했고 그런 아버지를 잊지 않아 주신 하나님께 감사했다.

우리는 각자의 상황은 아무도 모른다. 어떤 갈급함을 가지고 있는지, 어떤 외로움을 가지고 있는지, 어떤 간절함을 가지고 있는지. 한 사람의 복음의 통로, 인도자로 내가 쓰임 받을 수 있다면 감사한 일이다. 그렇게 살아야겠다. 그것이 내게 주신 사명일 수도 있

지 않을까. 하루하루 하나님이 어떻게 나와 함께하셨는지 이야기
하는 것. 이것이 오늘도 내가 힘내고 열심히 살아야 하는 진짜 이
유가 아닐까.

하나님은
나의 일상생활 배상책임보험

아들은 특성화 고등학교를 다녔다. 1학년 때는 여름 방학 동안 백화점 주차장에서 아르바이트를 했다. 그리고 그렇게 번 돈으로 자전거를 한 대 사서 등하교를 했다. 친구와 하루 코스로 자전거 여행을 다녀오기도 했고, 곧잘 광안리나 온천천으로 자전거를 타고 바람을 쐬고 오기도 했다. 나는 늘 조심하라고 당부를 했고, 아들도 원래 조심성이 많은 성격이라 별 문제없이 자전거를 타고 다녔다.

그러던 어느 날 학교에서 마치고 나오다가 어느 할머니와 부딪히는 사고가 났다며 학교로 와 달라고 연락이 왔다. 남편이 대신 갔었는데 경찰이 와서 현장 조사를 하고 경찰서에도 다녀왔다고 했다. 함께 부딪친 할머니도 자전거를 타고 계셨는데 나이가 70이 넘은 분이셨다.

경찰서에서 조사를 받을 때 할머니 혼자 일방적으로 유리하게 이야기를 다 해 버려서 제대로 말 한마디 못했던 아들은 아주 기가 차고 억울한 듯했다. 실제 상황과는 다르게 아들만 크게 잘못한 것으로 기록이 되었다고 했다.

그래도 다행히 할머니는 크게 다치지는 않으셨고 망가진 자전거

수리비만 요구하셨는데 부품이 외국 것이라 이것저것 수리하는 데 300만 원이 든다고 했다. 아들은 나에게 미안함과 걱정으로 어쩔 줄을 몰라 했다. 자신의 실수로 거금인 300만 원이 나가야 한다니 너무도 큰 사고를 친 것 같다며 자꾸 변명을 해댔다.

그러나 다행히 우리에겐 보험이 있었다. 일상생활 배상책임보험. 아들은 모르지만 우리가 준비해 둔 아주 유용한 것이었다. 난 그것을 보면서 분명 우리 하나님께도 나는 모르지만 하나님의 해결책이 있을 거라는 것을 더 믿게 되었다. 이렇게 부족한 나도 뭔가를 준비해 놓을 수 있었던 걸 보면 하나님은 내가 어떤 큰 실수를 해도 해결할 수 있는 해결책을 가지고 계신 분일 거라는 생각이 들었다.

우리 아들 생각에는 아주 큰 문제일지라도 나는 돈 한 푼 안 들이고 모든 것을 해결할 수 있었던 것처럼, 하나님께도 내 문제에 대한 더 큰 해결 방법이 있을 것이다. 아니, 하나님이 바로 해결책이시다. 하나님은 바로 나의 일상생활 배상책임보험이다.

징표

마음이 완악해져 있으면 하나님의 권능을 보여도 믿지 않는다. 보아도 믿지 않고 들으려 하지 않는다. 하나님을 안다는 것, 믿는다는 것이 꼭 표적과 기사를 보는 것은 아니다. 성경에는 여호와의 말씀을 두려워하는 자들과 여호와의 말씀을 마음에 두지 아니하는 자가 있다고 하였다.

바로가 이스라엘 민족을 하나님께 제사 지내러 보내지 않으려는 완악한 모습은 마치 예배의 자리에 나오기까지의 영적 전쟁 상황처럼 보였다. 하나님 앞에, 예배의 자리에 나가지 못하도록 끝까지 잡고 늘어지는 많은 방해물들은 어쩌면 지금까지 여러 모습으로 내가 타협해 왔던 것인지도 모른다.

거기까지 가지 말고 여기서 제사 드려라 → 장정만 가라 → 양과 소는 두고 가라

출애굽을 하는 중 이스라엘 민족은 끊임없이 상황마다 하나님을 원망하고 모세를 원망한다. 홍해를 건너기 전에도, 애굽에서 이끌어 내어 이같이 죽게 만든다고 원망하고, 마라의 쓴 물 앞에서 원망하고, 광야에서 먹을 것이 없다고, 마실 물이 없다고, 끊임없이 원망하는 모습을 본다. 눈앞의 상황밖에 볼 줄 모르는 자들, 바로 내 모습이다.

아들 몸에 갑자기 두드러기가 생겨 괴로워한 적이 있다. 그때 난 교회에서 제자훈련을 받는 중이었고, 들은 건 있어서 어린 아들에게 너 혹시 잘못한 건 없냐고, 엄마 몰래 죄 지은 건 없냐고 아들을 추궁했었다. 그런데, 다음날 예배 중에 목사님께서 자녀에게 질병이나 어려움이 찾아오는 것은 100% 부모의 잘못으로 인한 것이라고 회개해야 한다고 하셨다. 결론은 아들이 아니라 내게 문제가 있다는 거였다. 토요일에 두드러기가 확 올라오더니 다음날 주일 아침에는 또 깨끗해져서 괜찮은가 보다 했었는데, 예배 다녀오고 저녁이 되자 다시 온몸과 얼굴, 입술에도 불룩불룩 두드러기가 마구 생기기 시작했다. 보기에도 흉측하게 변한 아들은 너무 괴로운 듯이 응급실로 데려가 달라면서 울기 시작했다. 주일 밤에 아들을 데리고 응급실에 있으면서 단순한 알레르기 증세가 아닐지도 모른다는 생각이 들었다. 부모의 잘못이라고 하니 부인하고 싶지만 짚이는 것이 있었다.

한 주 전부터 친정아버지께 복음을 전하라는 부담감을 느꼈다. 그러나 난 내가 잘못 들었을 거라며 자꾸 부인하고 싶었다. '설마 하나님이 나에게 말씀하시겠어?'라며… 그래도 주시는 그 마음이 불편해서 그럼 주말까지 가서 백지전도를 하겠다고 하나님 앞에 약속했었다. 바빠서가 아니라 자신이 없어서 시간을 벌어 놓은 거였다. 하지만 기도하면서 하나님께 약속을 했음에도 불구하고 친정에 가면 아버지 눈치만 살피고 기회만 엿보다가 부끄럽고 자신이 없어서 이 핑계, 저 핑계로 주저앉아 버렸다. 그랬더니 정확하게 그날 저녁에 아들에게 두드러기가 일어나기 시작했다. 감사하게 주일예배는 드릴 수 있도록 아침에는 가라앉았다가 저녁이 되자 두드러기가 더 심해져서 아들은 너무도 괴로워했었다.

하나님이 내게 보이시는 징표일지도 모른다는 두려움이 생겼다. 하나님은 내게 자꾸 전하라고 하셨다. 그 마음이 너무 강하게 느껴졌다. 울고 싶었다. 아버지가 영접하는 것은 하나님이 하시는 일이고 나는 전하면 되는 것인데 그것도 자신이 없었다. 다시 꼭 가겠다고 마음먹어 놓고는 다음날도 가지 못했다. 가서 아버지 앞에 서는 것도 두려웠고, 전하지 않으면 하나님이 또 어떻게 하실까 봐 그것도 두려웠다.

난 왜 항상 하나님 뜻을 알게 해달라고 기도하면서, 순종하게 해달라고 기도하면서, 순종하지 못할까? 왜 어떤 사람에게는 쉽게 될 수 있는 일이 내게는 이리도 어려울까? 하나님이 다 하시는 거고 난 그저 심부름꾼인데….

다음날 할 수 없이 두렵고 떨리는 마음으로 아버지 앞에 갔다. 어쩔 수가 없다고 생각했다. 내 아들에게 향할 하나님의 또 다른 징표가 더 두려웠기 때문에.

누워서 TV를 보고 계시던 아버지는 누우신 채로, 내가 전하는 백지전도를 한 귀로 흘려들으시는 듯 건성으로 듣고 계시더니 갑자기 벌떡 일어나 "쓸데없는 소리 하지 말고 너나 정신 차려라" 하시며 화를 내시곤 자리를 박차고 나가 버리셨다. 난 다 끝내지도 못하고 집에 돌아와서 펑펑 울었다. 아버지가 내게 어떻게 하실지 아셨으면서 왜 가라고 시키셨냐고, 정말 용기 내어서 갔는데, 이게 뭐냐고, 창피하고 부끄러워서 아버지 얼굴을 이제 어떻게 보냐고… 하나님께 울면서 막 따졌다.

하나님은 나를 훈련 중이셨다. 내가 아들을 키워 보니 왜 그렇게 하셨는지 알겠다. 안 되는 걸 뻔히 알지만 일부러 시켜볼 때도 있는 거였다. 일부러 부딪혀 보게도 할 수 있는 거였다. 일부러 거절을 받게도 하시는 거였다. 이렇게 난 간혹 하나님의 마음을 알 수 없을 때, 하나님의 사랑을 느낄 수 없을 때, 아들을 향한 내 마음을 들여다보고서야 날 향한 하나님의 마음이 이해가 될 때가 많았다.

하나님이
나의 꿈입니다

어제도 우리 저자강연 클럽 브리지 모임은 계속되었다. 글쓰기 작가들이 일주일에 한 번씩 모여서 각자의 주제로 강연을 하는 모임이다. 말을 잘하고 못하고를 떠나서 진실되게 나누어 주는 이야기들 속에서 우리는 서로의 인생을 보게 되고, 함께 더 성장하고 있었다.

지난주에 많이들 못 올 거라 말하고 갔었는데 늦게라도 와주어서 더 많은 사람들이 함께 이야기하는 시간이 되었다. 오늘따라 자신들의 일과 노후준비에 대한 이야기를 많이 나누었는데 그들의 일하는 모습, 준비하는 모습을 들으며 순서를 기다리던 나는 점점 더 기가 죽었다.

한 직장에서 나름 터를 굳히고 오래 견디고 어느 정도의 위치까지 와 있으면서 노후를 준비하고 더 나은 미래를 준비하는 모습들을 보고 난 무엇을 해 놓았나, 난 미래에 무엇이 있나 싶은 부끄러움과 초라함이 몰려 왔다. 지금껏 열심히 살아왔는데도 난 한없이 게으르고 준비되지 않은 자처럼 보였다.

사람들은 내게 꽃길만 걸었을 것 같다고 한다. 여성 인력 센터에 교육을 받으러 다닐 때 함께 공부하던 사람들은 내게 손에 물 한 방울 안 묻히고 사는 사모님이 그냥 놀러 나온 것 같다고도 했었다. 그러다가 나의 이야기를 들으면 신기한 듯이 나를 본다.

사람들은 꿈을 이야기한다. 꿈을 꾸라고 하고, 꿈을 이루라고 한다. 무언가를 준비하고, 만들기 위해서 돈을 몇 백만 원 씩 들여가면서 끊임없이 준비하는 그들의 모습은 존경스럽기까지 했다. 그들 앞에서 내가 일해 왔던 모습을 이야기하려니 차마 입이 안 떨어지고 부끄러웠다. 아무것도 내게 남아 있는 것이 없었고, 내놓을 만한 것이 없었기 때문이다. 자랑할 만한 것이 없었기 때문이다.

나는 이렇게 약하기 때문에 하나님을 더 찾을 수밖에 없다. 나를 먹이시고 입히시는 나의 하나님을 더 의지할 수밖에 없다. 남편 또한 내가 잘못 살아온 듯이 비난하고 있지만, 그럴듯한 무언가가 없어도 내겐 그동안 내가 만난 하나님이 있고, 나와 함께해 주셨던 하나님과의 이야기가 있어서 오히려 감사한 시간이다.

나의 지난 이야기들, 내가 걸어왔던 길을 부끄러워하지 않을 거다. 항상 하나님이 함께하셨던 시간이고 하나님이 함께 걸어주셨던 길이었기 때문이다. 나의 미래는 하나님께 있으며, 나의 꿈이 하나님이기 때문이다. 내 인생의 결론은 모든 것이 하나님의 은혜라고 말할 수 있기 때문이다.

겉으로 우리는 모두 똑같이 살아내고 있지만 내가 어느 것에 마음을 더 집중하느냐에 따라 하나님이 나의 주인이 될 수도 있고, 나의 우상이 될 수도 있다. 내 삶은 꽃길이 아니어도, 좋은 길이 아니어도 그 길 가운데서 하나님이 보이면 되는 것이다. 난 앞으로도 그렇게 살 거다. 하나님이 보이는 삶, 하나님을 보이는 삶, 그것을 내 꿈으로 삼을 거다.

좋은
선생님

아들 방 정리를 하면서 서랍 속의 물건들 중에 리코더를 발견했다. 리코더와 관련된 기억이 떠올랐다. 아들이 6학년 때였다. 6학년이 되자마자 4월에 리코더 예능대회가 있었고 반대표로 나가게 되어 열심히 연습을 했다. 4, 5, 6학년 학생 30명이 참가했고 아들은 대회에서 장려상을 받았다. 우수상 1명 외에는 참가한 학생 모두에게 장려상이 주어졌다고 했다.

나는 아들이 상을 받아 왔는데도 오히려 기분이 나쁘고 마음이 많이 상했다. 우수상을 받지 못해 아쉬운 게 아니었다. 1명의 우수상 수상자는 5학년 학생이었는데 '비행기'를 연주했다고 한다. '떴다 떴다 비행기 날아라 날아라.'

아들은 베토벤의 사장조 미뉴에트를 열심히 준비했었다. 얼마나 기대하고 열심히 연습했는데… 이런 식의 결과가 난 부당하다고 생각되었다. 물론 곡 수준이 실력이라고 생각하지는 않는다. 아들이 우수상을 못 타서가 아니라 공정하지 못한 평가라는 느낌이 들어서 오히려 열심히 연습한 아들의 마음에 상처를 준 건 아닐까 염려되고 속상했다. 설마 그 30명의 학생들 중 '비행기'보다 못 부른 곡이 있었을까 싶었다. 그것도 5학년인데….

처음엔 아들도 실망하고 속상해하더니 내가 너무 속상해하니까 아들이 오히려 날 위로했다.

"엄마, 결과를 받아들이세요."

전날 속상해하던 것과 전혀 다른 반응을 보이니 웬일인가 싶었다. 알고 보니 담임 선생님께서 아들의 일기장에 위로와 격려의 글을 한 바닥 가득 적어 주셨다고 한다. 아들은 그것이 우수상 받는 것보다도 더 좋았나 보다. 나한테 자랑했다. 선생님이 이렇게 노트에 편지를 가득 적어 주셨다고. 아마 본인도 결과에는 실망스러웠겠지만 선생님의 관심과 사랑을 더 좋은 것으로 택한 듯이 보였다.

"그래. 상장 하나보다도 열심히 노력했고 그것을 알아주는 참 좋으신 선생님이 아들을 맡아 주시니 그것으로 감사하자"라고 나도 생각을 바꿨다. 칭찬은 고래도 춤추게 한다는데 선생님의 칭찬으로 우리 아들이 1년 동안은 그래도 맘껏 춤출 수 있게 된 듯해서 선생님께 참 감사한 마음이었다.

시간이 흐르고 아들 졸업식 날, 그 담임 선생님께 손편지 한 통을 적어서 작은 선물세트와 함께 아들 편으로 보냈다. 그때 리코더 대회 때 실망한 아들을 격려해 주셔서 너무 감사했다고. 신학기 때 있었던 일을 졸업식이 되어서야 인사를 드렸다.

아들이 졸업을 하고 한참 시간이 흘러 중3쯤 되었을 때 친구가 다니는 교회 카페에 우연히 가게 되었다. 그런데 내 옆에 얼굴이 많이 익숙한 분이 앉아서 함께 이야기를 하게 되었다. 그러다가 내가 "혹시 ○○○ 선생님 아니신가요? 저 보성이 엄마예요." 그랬더니 깜짝 놀라시면서 다짜고짜 나한테 너무 고맙다고 인사를 하셨다. 졸업식 날 아들을 통해 전해 받은 나의 편지가 너무 감동적이었다고, 감사했다고, 그리고 많이 우셨다고 했다. 그리고 여러 다른 선생님들께도 자랑했다고 했다. 내가 오히려 부끄러웠고 또 감사했다. 난 아들 학교가 바로 집 앞이었는데도 학교에 거의 방문하지 않았다. 내가 다녔던 모교이기도 했고, 일하느라 바쁘기도 해서 학교를 찾아가는 것이 마음 편치 않았다. 아마 그 당시에 내 상황이 누군가를 만나거나 어울릴 만한 여유가 없기도 했다.

아들 초등학교 2학년 때 딱 한 번 급식 도우미가 되어서 간 적이 있다. 평소에는 할머니가 대신 갔었는데 그날은 내가 갔다. 아들은 좋아서 밥도 안 먹고 나를 쳐다보고 있었고, 내 옆에서 조심하라고 일러주기도 했다. 학교생활의 많은 것을 나한테 자랑하고 싶어 했다. 선생님께는 오늘 우리 엄마 온다고 아침부터 자랑을 했다고도 했다.

그 정도로 학교를 안 갔던 나였지만 6학년 담임 선생님은 아들 졸업 사진으로만 봤을 뿐인데 기억에 남아 있었다. 그러니 담임 선생님께서는 내 얼굴을 모르는 게 당연했다. 아직도 우리 아들은 6학년 때 담임 선생님을 제일 좋아한다. 아이들에게 작은 용기 하나 심어 줄 수 있는 좋은 선생님 한 분을 만난다는 것, 아이들에게 정말 축복이 아닐까 싶다.

하나님
마음을 본다

1.
하나님은 얼마나 나를 용서하고 싶어 하시는지
용서하기를 즐기시는 분인지
내게서 어떤 작은 움직임만 있어도
얼마나 내게 얼른 와 주고 싶어 하는 분인지
언제라도 달려와 줄 준비를 하고 있는지
간절히 무언가를 기다려 보니
간절히 나를 기다리고 있을 하나님 마음을 알 것 같다
오늘은 혹시, 라며 희망을 가져 보듯이
하나님도 나를 향하여 끊임없이 기대하고 싶어 하시는
그 마음을 알 것 같다
요즘은 내 마음을 보면서 하나님 마음을 본다
기다리시는 하나님의 그 마음을 안다
내 마음을 보면서 하나님 마음을 본다

2.
그녀가 맞이하는 올해의 이 가을은 얼마나 쓸쓸할까
살고 죽음의 문 앞에 서 있어 보게 될 때
우리는 얼마나 살고 싶어 하는지
사는 것이 얼마나 축복인지 감사하게 될 것이다

난 오늘도 살고 싶다
어떻게 해서든지 오늘도 잘 살아내고 싶다
날 살게 하시는 하나님께 더욱 감사하면서
열심히 걸어 보고, 거칠게 숨을 쉬어 보고
강렬하게 느껴도 본다
그리고 누구 하나 예외 없이
우리는 언제라도
하나님 앞에 설 준비를 하고 살아야 한다

성령으로 충만해야 하나님을 더 알게 되고
내가 누군지도 알게 되고, 하나님의 마음도 알게 된다
하나님의 마음이 내 안에 회복되어야
내 안에 감동도 회복되고 눈물도 회복된다
내가 주 보혈 아래 있음이 갑자기 실감이 났다
어떤 원수의 공격에도 넘어지지 않게 하시고
날 보호하시는 주 보혈의 능력이다
나를 살리신 그 사랑을 잊지 않게 하소서

말대로 되는 삶,
신난다

긴 연휴 중 이틀을 좋은 사람들과 시간을 보냈다. 이기대 트레킹을 한 뒤 곰장어 집에서 재미난 시간을 보냈고, 다음날은 반디서점에 가서 얼큰 수제비도 먹고 책도 읽었다. 아주 평범하지만 특별한 행복을 누렸던 시간들이었다.

웃음 치료사인 미숙 작가님으로부터 수화를 배워서 커피숍에서 노래도 불러 보고 스피치에 관한 이야기들도 들으며 웃음 치료와 얼굴 경영에 관한 것들도 들었다. 정말 모든 것이 내 말대로 된다는 것을 한 번 더 확신하게 되었고 이번엔 내 마음에 더 깊이 다가왔다.

말처럼 된다. 말처럼 된다. 말대로 된다.
그러면 신난다. 앞으로 말만 잘해도 내 인생은 더 좋은 일로 가득할 것이고, 잘될 것이니까. 예전엔 그 말을 잘 안 믿었지만 이젠 믿어진다. 그대로 될 것 같다. 내가 뿌려 놓은 씨앗들은 언젠가는 거두게 될 터인데, 심어야 할 때가 있고, 거두어야 할 때가 있음을 믿는다.

그리고 요즘은 언젠가 내가 뿌려 놓았던 말의 씨앗들이 어떤 모습으로든 거두어지고 있는 걸 본다. 좋은 말의 씨를 더 많이 뿌릴 것이다. 상대를 향해서도, 세상을 향해서도 결국은 내 안에 좋은 말의 씨앗들을 많이 뿌려 주자. 누군가의 한마디 말이 나를 외롭게도 하고, 날카롭게도 하고, 넉넉하게도 하고, 둥글게도 함을 알았다. 그것은 일상 속에서 자주 느낄 수 있는 것이었다.

"지연아, 편하게 살아. 그런 것까지 생각하면서 복잡하고, 어렵게 사니…"

내가 생각이 복잡하고 답답한 사람이라는 걸 알고는 있었지만 친구의 이 한마디가 날 질책하는 소리처럼 들렸다. 성격이 이상한 사람, 가까이 하면 피곤한 사람으로 낙인 찍히는 것 같아 얼굴이 화끈거렸다. 사람은 누구나 나를 알아주는 사람에게 마음을 여는 법인데, 그 친구에게 열려 있던 마음이 순식간에 닫혀 버리는 느낌이었다. 아니, 내쫓기는 것 같은 기분이었다. 내가 건강하지 못한 까닭이었다.

사람은 내가 보는 대로, 듣는 대로, 그리고 말하는 대로 내 세상을 만들어 간다. 그러니 가려서 보아야 하고 가려서 말해야 한다. 듣는 것도 잘 들어야 할 것이다. 오늘부터 내가 말하는 대로, 생각하는 대로 이루어지는 세상을 바라보련다. 나를 우울하게, 나를 불쌍하게 생각하지 말자. 나를 바라보는 대로 세상 사람들도 나를 바라본다. 나를 그렇게 취급해도 된다고 생각한다.

어떻게 좋은 생각을 하고, 좋은 말을 해야 할지, 어떤 생각과 어떤 말이 좋은지 그것부터 알아야 할 것이다. 내 마음, 내 감정에 휘둘리는 말이 아니라, 내 말로 내 생각을, 내 마음을 다스리자. 오늘 신난다. 좋은 일이 많이 생길 것 같다. 멋진 날이 될 것 같다.

흔적

며칠 목욕을 못 갔더니 벌써 중독인가?
기분 좋게 탕에 들어갔다가 족욕도 하고 반신욕도 하고
옷을 입으려는데 할머니 한 분이
"아주매 등이 와 이런노?"라는 말에
"와? 누구?"라며 모여 있던 할머니들이 돌아본다.
"이 아주매 등 좀 봐라. 와 이런교?"라며 내게 묻는다.
"아이고 고생했겠다. 죽을 고생했겠다.
부모 봉양 잘 해야겠다."
라며 나를 측은히 바라본다.
알몸에 할머니들 시선을 한꺼번에 받고
후다닥 옷을 입고 급히 나가는데 또 부른다.
"아주매 신은 안 가지고 가능교?"

요즘 내가 매일 반복해서 듣는 찬양이 있다.

> 나의 삶에 예수의 흔적 있으니
> 나는 오직 주님만 자랑하리라
> 내 영혼에 예수의 생명 있으니
> 나는 오직 주님만 증거하리라

내 등에는 어릴 적 수술한 큰 흉터가 아직도 남아 있다. 사도 바울처럼 복음을 전하다가 돌에 맞아 죽을 뻔한 흔적은 아니지만, 내겐 날 살리신 하나님의 은혜를 기억하게 해 주는 특별한 흔적이다. 나이가 들수록, 하나님의 은혜가 깊어질수록 내게 있는 하나님의 흔적이 내 가슴에도 더 선명하게 새겨진다.

내게 있는 사랑으로는 어느 한 영혼도 내가 품을 수 없다는 것을 깨달았다. 하나님이 바라보시는 그 시선으로, 하나님이 품으시는 그 사랑으로만 내가 할 수 있다는 것을 알았다. 지금까지 나는 그저 내 사랑으로 하려고 했었다. 내 사랑으로 누군가를 섬기려고 했고, 기도하려고 했었다. 그래서 할 수 없었던 것이다. 내 사랑이 아니라, 그를 바라보는 하나님의 사랑을 알아야 했다. 하나님이 그를 어떻게 바라보고 계시는지, 하나님의 마음을 알아야 한다는 것을 알았다.

내 몸에 있는 은혜의 흔적을 기억하면서
이젠 내 삶에도 예수님의 흔적을 남기며 살고 싶다.

하나님은
나의 빽

"네가 제일 걱정이다. 고생 안 하고 잘살길 바랐는데 고생은 혼자서 다하고 산다"며 엄마는 항상 나만 보면 잘 우셨다. 죽는다던 딸이 다시 살게 되었으니 시집가서 편히 잘살길 바랐던 건 당연한 부모님 마음이겠지.

셋째 동생이 그런다.
"난 큰언니가 불쌍하다고 생각 안 해.
언니한테는 하나님이라는 큰 빽이 있잖아.
한 번도 언니가 불쌍하다는 생각 든 적 없어."
동생의 그 말을 듣고 목이 메었다.

'그래, 네가 내 뒤의 하나님을 봐 주는구나, 고맙다…'
다행이다.
한 명이라도 내 뒤에 계시는 하나님을 발견해 주니
정말 다행이다.

사도신경

전능하사 천지를 만드신

하나님 아버지를 내가 믿사오며

그 외아들 우리 주 예수 그리스도를 믿사오니

이는 성령으로 잉태하사 동정녀 마리아에게 나시고

본디오 빌라도에게 고난을 받으사

십자가에 못 박혀 죽으시고

장사한 지 사흘 만에

죽은 자 가운데서 다시 살아나시며

하늘에 오르사 전능하신 하나님 우편에 앉아 계시다가

저리로서 산 자와 죽은 자를 심판하러 오시리라

성령을 믿사오며

거룩한 공회와 성도가 서로 교통하는 것과

죄를 사하여 주시는 것과, 몸이 다시 사는 것과

영원히 사는 것을 믿사옵나이다 아멘

오른손을 들고 사도신경으로 신앙을 고백하면서
우리의 주일 예배가 시작된다.
사도신경은 그야말로 나의 신앙고백이었다.
내 입술로 고백할 때마다 목이 메어 온다.
하나님 앞에 내 마음을 다시 한 번 고백하게 하고,

내 모습을 주님 앞에 드리게 된다.

난 길을 걷다가도 곧잘 사도신경을 외웠다.
마음이 흩어져서 기도가 되지 않을 때도
사도신경을 외운다.
내가 누구를 믿고 있는지, 무엇을 믿고 있는지,
하나님이 누구신지, 예수님이 누구신지
또박또박 외우면서 내 신앙을 고백한다.
수시로, 자주,
나는 하나님 앞에 내 신앙을 고백하는 것이 필요했다.

하나님, 이제는 어린아이 같은 희미함이 아니라,
하나님을 확실히 보아 알게 하시고,
끝까지 굳건하게 믿게 하시며,
나의 생각이 곧
나의 고백이 되게 하시고,
기도가 되게 하시고,
약속이 되게 하소서.

셋

나를 훈련하다

평생 나를 붙들어 준
하나님께 드리는
어린아이 같은 고백

즉시
순종

말씀하시되 나를 따라오라 내가 너희를 사람을 낚는 어부가 되게
하리라 하시니 그들이 곧 그물을 버려두고 예수를 따르니라 (마태
복음 4:19)

어부인 베드로와 안드레가 바다에 그물 던지는 것을 보시고 예수님은 자신을 따르라고 하신다. 내가 너희를 사람을 낚는 어부가 되게 하시겠다고 한다. 예수님이 직접 사명을 만들어 주셨다. 그들은 도대체 사람을 낚는 어부가 무엇인지 알았을까. 가슴에 불타는 사명감을 가지고 따랐을까. 도대체 알 수 없는 사명이었다. 그것이 무엇인지 몰랐지만, 가슴이 불타오르지도 않았지만 그러나 그들이 한 것은 그저 즉시 따른 것뿐이었다.

주님이 직접 사명을 만드시고 베드로와 안드레를 부르셨으며 그들은 곧 그물을 버려두고 그저 예수님을 따른 것뿐이다. 뭔가 준비가 필요하다고 핑계 대지 않았고 자격 없다고 어물쩍 뒤로 물러나지도 않았다. 그들이 완벽해서 따라간 것이 아니라, 그 순간 그저 즉시 순종했을 뿐이었다.

셀 리더의 부르심이 있었다. 나에게도 할 말은 많았다. 전도사님께도, 셀 리더에게도, 기도 짝에게도… 아직 자격이 안 돼서, 요즘

내 상태가 안 좋아서, 요즘 너무 피곤해서, 직장도 없어서, 내 문제가 아직 너무 커서…

전도사님이 일주일 동안 기도해 보라고 하셨지만 사실 난 대충 기도하였고, 기도하고 싶지도 않았다. 좀 더 편하게 부담 없이 교회에 다니고 싶었다. 솔직히 말하면 조금만 더 적당하게 죄를 지으며 대충 교회 생활을 하고 싶었다. 그래서 일단은 이런 저런 핑계로 부르심에 순종하지 않았다. 베드로와 안드레처럼 부르심이 있을 때 난 곧 그물을 버려두고 따르지 않았다.

내가 참 교만하다는 것을 오늘 말씀 읽으면서 깨달았다. 그리고 내게 다시 주시는 말씀이 아닌가 생각되었다. 사람을 세우시고 만들어 가시는 분은 하나님이시다. 내가 준비하는 것이 아니라 하나님이 직접 되게 해 주신다. 우리의 준비됨이 시작이 아니라 하나님의 붙드심이 시작점이라 했다.

하나님의 무대의 주인공은 내가 아니다. 하나님이시다. 그렇기에 내가 준비되어야 할 수 있는 일들이 아니라고 했다. 사명을 주시는 분도 그분이시고, 사명자를 만들어 가시는 분도 그분이신데 내가 자격을 부여하고, 내가 능력을 만들어 가고, 내가 최후의 결정을 내리려고 했음을 알았다.

순종은 내가 할 만할 때, 내가 하고 싶을 때 하는 것이 아니라 하나님이 하라고 하실 때 하는 것이다. 그것을 배워서 아는데도 불구하고 나는 어쩌면 내가 하고자 하는 열정, 내 마음의 소리를 먼저 들으려 하는 게 아닌가 생각이 들었다. 하나님은 부르시고, 하나님은 명령하시는데 나는 내 마음에게 자꾸 물어보고 있었다.

'너 하고 싶니? 할 수 있겠니?' 지금 하고 싶은가, 순종할 만한가 하고 뭐든지 내 머리로 먼저 계산을 하고 있는지도 몰랐다.

며칠 뒤 셀 리더 집사님이 한 번 더 권유하심에 순종하기로 했다. 그러나 나는 나를 잘 안다. 내가 감정에 잘 휘둘리는 연약한 자라는 것도, 나를 높이고 드러내기를 좋아하는 교만한 자라는 것도, 때로는 내 문제 때문에 잘 넘어진다는 것도, 그래서 동굴 속으로 잘 들어가 숨어 버린다는 것도….

사실 난 그것이 제일 두렵다. 주의 일을 할 때에 나는 나 자신이 제일 걸림돌이 된다는 걸 안다. 내가 제일 문제다. 그저 곧 따르는 즉시 순종은 쉬운 것이 아니라 어려운 순종이었다.

버티기가
필요할 때

어떤 사람은 자야 할 만큼 잠을 못자면 억울하다고 한다. 잠을 더 잘 수도 있는데, 더 자야 하는데 어떤 일 때문에 그 자야 하는 시간을 뺏기게 되면 그렇게 억울할 수가 없다고 했다. 잠자는 시간이 그렇게 좋단다. 잠을 많이 잘수록 기분이 좋아진단다. 반대로 나는 잠을 많이 자 버리면 그날 너무 억울하다. 다른 걸 할 수 있는 시간을 잠자느라고 뺏긴 것 같아, 잠에게 진 것 같아, 그렇게 억울해서 남은 시간이라도 더 쪼개어서 쓰려고 하며 내일은 더 일찍 일어나겠다고 다짐을 한다.

난 누구나가 다 나처럼 잠을 많이 자는 걸 싫어할 거라고 생각했다. 다만 잠을 이길 수 있는 체력이 부족하고 의지가 약한 것이라 생각했다. 그런데 자는 것을 좋아한다는 사람을 보니 나와 다르다는 생각은 해도 틀렸다고 말할 수는 없었다. 사람들은 서로 많은 것이 달랐다. 누가 옳고 그른 것이 없었고 인생에 뭐든지 정답은 없는 것이었다.

난 삶에 대한 의욕이 강한 자라고 늘 생각해 왔었다. 뭐든지 하고자 하는 의욕이 앞섰고, 뭐든지 시작하는 것을 좋아했었다. 뭔가를 새로 시작한다는 건 늘 나를 설레게 하는 생활의 활력소가 되기도 했다. 삶이 무료해지거나 지쳐 가려고 하면 뭔가 또 다른 계획을 세워서 나를 일으켜 보려고 애쓰곤 했다.

　그런데 점점 나이가 들어갈수록 이 의욕이 예전만큼 불쑥 일어나 주지 않을 때가 많았다. 내게 있던 열정이 식었나 싶기도 했다. 이런 나의 염려에 대해 누군가는 내 나이를 생각하라고 했다. 내 나이는 쉰이 다 되어 가는데 삼십대의 의욕을 가지려고 하니 그만큼 못 따라 가는 것 같을 뿐이란다. 그런지도 몰랐다. 내일 모레면 쉰이 될 건데 삼십대의 에너지를 내려고 하니 힘은 힘대로 들고, 결과도 마음에 안 들었다. 해나가는 과정도 마음에 안 들었다.

　게다가 나는 의욕만큼 의지는 강하지 않다는 걸 알았다. 어쩌면 지금은 의욕보다는 의지가 더 필요한 시기가 아닐까 싶다. 작은 것 하나라도 마무리 짓고, 이루어 냈다는 성취감을 느낄 수 있어야 의욕도 사라지지 않고 계속 생길 것 같다. 일은 하겠다고 벌려 놓고 뭐라도 하나 이루어 놓은 것이 없으면 실패감이 더 크게 자리 잡을 거고, 나에 대한 자신감보다는 불신이 더 크게 자리 잡아 다른 일을 하고자 하는 의욕도 곧 사라져 버린다.

　제자리 뛰기라도 해 본 사람이 때가 되면 점프할 수도 있는 것이지 가만히 머물러 있는 자는 제자리 뛰기조차도 힘들다. 그리고 제자리 뛰기만 하고 있어야 할 때도 있다. 내게도 지금 이 시간은 하나님의 명령이 있기까지 기다려야 하는 시간일지도 모르는데 난 자꾸만 혼자 찾아서 먼저 달려 나가려고 한다. 기다림을 못하고 인내하지 못한다.

　전도사님도 그러신다. 제발 이번엔 가만히 좀 있어 보라고. 먼저 앞서 나가지 말라고. 깊이 하나님을 먼저 만나 보라고. 하나님 앞에서는 때로는 버티기도 필요하다. 내 힘으로 어쩌지 못한다는 걸 알게 되었을 때 내가 할 수 있는 건 그저 그 자리를 묵묵히 지키는 것이다. 유일하게 내가 할 수 있는 것이 버티기가 되어야 했는데, 버텨내는 것… 그거였는데… 지금껏 난 그걸 못했다. 왜냐하면 뭐든지 내가 하려고 했으니까, 안 되면 도망가 버렸으니까.

사람을 향해서도 잠잠히 있어야 할 때도 있는데, 난 그 침묵을 힘들어 했다. 침묵한다는 것은 무시하는 거라고 받아들였다. 내 생각이 건강하지 못했기 때문이었을 거다. 어쩌면 내 몸이 건강했더라면 난 또 벌써 어딘가로 일을 하러 나갔을 거다. 가만히 있으면 죽는 줄 알고, 계속 뭐라도 하며 살아 왔다.

내게는 잠잠히 기다리는 것이 더 어려웠다. 제자리에서 버텨 내는 것이 어려웠다. 그러면서 뭐라도 끝까지 하나 제대로 한 것이 없다는 걸 알았다. 난 끈기와 인내가 대단한 사람이라고 생각했는데 아니었다.

노트 한 권도 끝까지 다 써 본 적이 없었고, 약도 끝까지 다 먹어 본 적이 없다. 공부를 시작해도 책 한 권 마무리해 본 적이 없다. 계획은 끊임없이 세우면서 그것을 끝까지 지켜본 적이 없다. 항상 시작은 많았는데, 끝은 없었다. 그래서 내게 뭔가 결과가 없었구나. 이룬 게 없었구나. 변화가 없었구나.

내겐 끈기도 없고, 버티는 힘도 없었다. 항상 말을 잘해 왔으면서, 계획은 거창했으면서 행함은 말보다 훨씬 못해 왔다는 걸 알기에 이젠 말하는 것도 조심하게 된다. 내가 말하는 만큼 행하는 자가 못됨을 알기 때문이다.

말만 잘하는 자⋯ 행함이 없는 자⋯ 말씀을 읽고 내 삶에 적용은 하지 못하는 자⋯. 아마 이런 내 모습을 여태 나만 모르고 내 옆의 사람들 모두가 알고 있었을지도 모른다. 어쩌면 다른 사람은 아는데 나는 몰랐던 내 모습들도 많을 것이다.

무엇을
보느냐

바람을 보고 무서워 빠져 가는지라 소리 질러 이르되

주여 나를 구원하소서 하니 (마태복음 14:30)

바다 위로 걸어오시는 예수님께 베드로가 자기도 물 위로 걸어오라 명하여 주길 원하면서 물 위로 걸어 예수님께로 간다. 그러다가 바람을 보고 무서워 빠져 가면서 구원을 요청하는 장면이다. 바람은 베드로가 걸어갈 때 갑자기 생긴 것이 아니라 처음부터 있었다. 그러나 예수님을 바라보고, 예수님께로 걸어가다가 바람에게로 눈길을 돌리고 보게 되자 그때부터 무서움에 빠져 든 것이다. 두려움 가운데 점점 빠져 든다는 것이 무엇인지 나는 안다. 한 번 두려움이 내 마음에 스며들면 종잡을 수 없을 만큼 빠져 들게 된다.

내 모든 생각들을 마비시켜 아무것도 못하도록 강력하게 나를 붙잡아 빠져들게 한다는 걸 안다. 때로는 그 상태를 이겨 나오기가 정말 힘들다. 이처럼 내가 보는 것이 중요하다. 똑같은 상황이지만 내가 무엇을 바라보느냐에 따라 내 생각이 달라지고, 결과가 달라진다.

요셉은 형들의 시기 질투에 의해 애굽에 끌려오게 되고 결국은 감옥살이까지 하게 되지만 그 모든 것을 하나님의 계획하심으로 인정하고, 이유가 있어서 자신을 보낸 거라고 고백한다. 애굽으로 팔려간 것도 형들에 의해서가 아니라 하나님이 보내신 것이라고 하는 요셉은 무슨 일을 하더라도 항상 하나님 앞에서 행하고 있다는 것을 볼 수 있다.

우리의 시선을 사람에게 두고, 나에게로 향하면 원망이 쌓이고 상처가 되지만, 하나님께로 향하면 나의 기도가 되고, 하나님의 선하신 계획하심이 보인다. 내가 무엇을 볼 것인가, 어떻게 바라볼 것인가에 따라 상처를 받기도 하고 하나님의 계획하심에 쓰임 받는 도구가 될 수도 있다.

이제 시선을 들어 내가 아닌 하나님의 일하심을 바라보자. 어떤 것도 하나님의 선하신 계획하심 안에 있다는 것을 기억하자. 내 눈으로 보이는 모습은 풍랑이 일고 파도가 이는 것이어도 환경을 보고 판단하지 않기를, 하나님의 약속을 믿고 용기 내는 자가 되기를. 하나님께 기도한다 해도 즉시로 내 모든 외부적인 환경은 변함이 없을 수도 있지만, 환경을 바라보지 말고 끝까지 하나님을 바라보는 자가 되도록. 함께 하시는 주님을 기억하도록.

하나님을 믿는 사람은 처음도 달라야 하지만 끝이 달라야 한다. 처음의 시작은 잘못될 수 있다 해도 그럼에도 불구하고 끝은 제대로 찾아야 한다. 믿지 않는 세상 사람들과 똑같은 환난과 어려움, 아니 그보다 더 심한 어려움이 올 수도 있지만, 그 문제 앞에서 그래도 하나님을 붙들고 하나님 편에 서는 것이 중요하다. 똑같은 문제 앞에서 내가 무엇을 택하는가에 따라 난 하나님의 사람이 될 수도, 하나님을 버리는 사람이 될 수도 있는 것이다. 문제가 아니라 문제 앞에서 무엇을 선택하는가가 내가 누구인지를 말해 줄 것이다.

내 마음의 풍랑을 다스리지 못하면 내가 결국은 그 풍랑에 쫓겨 가는 자가 된다. 그 풍랑 때문에 배 안에 있는 모든 짐들을 내어 던지고 물건들을 포기해야 하는 상황이 온다. 내 마음의 풍랑 때문에 주님께 받은 것들 다 내어 던지지 않도록, 그 풍랑에 쫓겨서 밀려다니지 않도록 해야 한다.

때로는 내 마음의 기쁨이 다 사라져 버린 것 같은 갑갑함, 숨도 쉴 수 없을 것 같은 영적 갈급함과 답답함, 아무것도 믿어지지 않고 감사한 마음마저 사라져 버린 듯하고 아무 감정도 느끼지 못하는 무감각, 내 감성이 모두 마비되어 버린 것 같은 공허함이 찾아올 때도 있었다.

무엇 때문일까? 왜일까? 하나님의 임재를 느끼기 원하고 성령님의 인도하심을 받기 원하는데 모두 사라지고 멈추어 버린 듯했다. 아니 솔직히 말하면 내게만 주시지 않을 것 같은, 내게서 떠나 버리신 것 같은 두려움이 날 누르기도 했었다. 성령 충만을 원하는데 내게는 오지 않을 것 같고, 내게만 주지 않을 것 같은 두려움에 조급증이 날 때도 있었다.

때로는 내게만 너무 잠잠하신 하나님, 내게만 너무 작은 하나님인 것 같아 다른 사람의 큰 하나님이 부럽기도 했었다.

네 눈이
너를 범죄하게 하거든

만일 네 눈이 너를 범죄하게 하거든 빼어 내 버리라 한 눈으로 영생에 들어가는 것이 두 눈을 가지고 지옥 불에 던져지는 것보다 나으니라 (마태복음 18:9)

말씀을 읽다가 눈이 범죄하는 건 뭐가 있을까 생각해 보았다. 손은 다른 사람에게 폭력을 행할 수도 있고, 물건을 도둑질 할 수도 있고, 다른 사람을 손가락질 하며 비난할 수도 있다. 그런데 눈은 어떤 죄를 범할 수 있기에 범죄하게 하거든 빼어 내 버리라고까지 하실까? 다른 이를 향하여 눈을 흘길 수야 있겠지만, 그것이 눈을 빼 버릴 만큼 큰 죄가 될 수 있을까 싶었다.

손은 공격적이고 위협적일 수 있지만 눈은 그저 보는 것이 주된 역할인 기관이다. 그런데 보아야 할 선한 것을 보지 않고, 음란하고 더러운 것을 찾아다니며 보게 된다면 그것은 온 몸을 더럽히고 죄짓게 만드는 것이다. 눈이 나를 범죄하게 한다고 하였다. 눈으로 본 것의 영향이 얼마나 큰지, 보는 것의 힘이 얼마나 센지 알아야 한다.

요즘은 관음의 죄도 크다. 관음이란 몰래 훔쳐보는 것이다. 배우를 고용해서 만든 일본 성인물보다 일반인 몰카 조회 수가 10배나 더 많다고 한다. 일반인들이 별다른 죄의식 없이 몰카를 촬영하기도 하고, 엿보기도 한다고 한다. 그런데 더 심각한 건 이에 대한 죄의식이 없다는 것이다. 누구나 어디서나 무엇이든지 촬영할 수 있는 세상이기에 아무렇지 않게 촬영을 하기도 하고, 보기도 하는 것이었다. 보는 것도 특별히 가려서 보지 않으면 우리는 아무런 분별력 없이, 죄책감 없이 범죄를 저지르게 되는 것이다.

요즘은 여러 SNS를 통하여 다른 사람의 소식도 쉽게 들여다 볼 수 있다. 그리고 보니 나도 아침마다, 아니 수시로 들여다보는 것이 있었다. 처음엔 그냥 아무렇지 않게 들여다보곤 했는데 점점 갈수록 이건 좋지 못한 행동이라는 깨달음이 왔다. 그것을 봄으로서 자꾸 비교하게 되었고, 누군가를 미워하고 원망하기도 했다. 그렇지만 어느새 끊고 싶어도 끊기가 쉽지 않은 나의 습관이 되어 있었는데 하나님이 보시기에는 그것도 하나의 범죄나 마찬가지였다. 한 번만 더 봐야지, 이번만 봐야지, 하면서 자꾸만 나도 뭔가를 들여다봤고 그것 때문에 기분이 좋았다, 나빴다 영향을 받기도 했다.

죄도 마찬가지다. 습관처럼 한 번, 두 번 하다 보면 죄에 무뎌진다. 그리고 스스로 합리화시켜 버리고 타협하게 된다. 난 오늘 무엇을 볼 것인지뿐 아니라 또 무엇을 보지 않을 것인지도 결단해야 함을 알았다. 눈이 범죄할 때는 내 온몸을 범죄하게 하는 거나 마찬가지였다. 눈을 통한 죄는 눈을 빼어 내 버릴 만큼 강력하게 차단해야 하는 심각한 것이라는 걸 알았다.

그리고 이렇게 더러워진 것들은 오직 말씀과 기도로만 거룩하여질 수 있고, 깨끗해질 수 있다고 성경은 말한다. 내가 더 열심히 말씀을 읽어야 하고 기도해야 하는 이유이기도 하다. 난 하나님 앞에 거룩한 자가 되어야 하기 때문이다.

> **네 악이 너를 징계하겠고 네 반역이 너를 책망할 것이라 그런즉
> 네 하나님 여호와를 버림과 네 속에 나를 경외함이 없는 것이 악
> 이요 고통인줄 알라** *(예레미야 2:20)*

내가 고통 가운데 있고 힘든 건 내가 하나님을 떠났기 때문이다. 그 고통을 해결하고자 하면서 하나님께로 돌아가는 것이 아니라 또 다른 세상적인 방법을 택하게 될 때 더 큰 어려움 가운데 머물게 되는 것이다.

지난 시간을 돌아보니 정말 그렇다. 문제의 시작은 하나님을 떠난 것이었는데 나는 그것을 알지 못하고 자꾸 세상의 힘을 찾고 의지하려 했었다. 세상의 어떤 것이 나를 일으켜 줄 거라 믿었다. 고쳐줄 거라 믿었다. 변화시켜 주길 기대했다. 시간이 흐른 뒤 지금 생각해 보면 오히려 내가 더 황폐해져 있음을 보게 되었다. 내가 선택한 악의 길이 나를 징계하였고 하나님에 대한 반역이 나를 고통스럽게 하였음을 이제는 안다. 결국엔 내 속에 하나님을 버리고 하나님을 경외하는 마음이 없는 것이 악이고 고통이라는 것을 진정으로 고백하면서 늘 하나님의 인도하심을 따라 가길 바란다.

나는 가끔은 두렵다. 내가 하나님을 거짓되게 섬기고 있는 것은 아닌지, 나는 하나님 앞에서 불순종의 죄를 짓고도 그것을 깨닫지 못하고 오히려 내가 다른 사람을 판단하고 있는 건 아닌지, 혹은 내가 만들어 낸 엉터리 하나님을 믿으면서 그 하나님을 잘못 전하고 있는 건 아닌지…

돈을
훈련하다

*돈을 사랑함이 일만 악의 뿌리가 되나니 이것을 탐내는 자들은
미혹을 받아 믿음에서 떠나 많은 근심으로써 자기를 찔렀도다 (디
모데전서 6:10)*

내가 돈을 벌 때는 몰랐다. 그 돈이 다 내 것이라 생각한 때가
솔직히 많았다. 내가 내 힘으로 내가 수고해서 번 돈, 온전히 내가
번, 내 돈이라 생각했었다. 그래서 십일조를 낼 때마다 하나님 앞
에 선심 쓰듯이 내놓곤 했다. 형편이 좀 안 좋을 땐 하나님 드릴
거는 가끔씩 빼먹어도 그러려니, 그래도 되겠거니 생각했다. 하나
님은 나의 이런 돈에 연연해하는 속 좁은 분이 아니라며 혼자 마
음대로 생각했다.

그런데 아들이 직장을 다니게 되면서 나는 하나님의 마음을 알
것 같았다. 어떤 마음으로 십일조를 드려야 하는지도 알게 되었다.
그냥 이론적으로 아는 것이 아니라 진짜 어떤 마음이어야 할지 알
게 되었다. 십일조는 단지 돈이 아니라 하나님을 향한 나의 사랑이
고 정성이었다. 돈이 아니라 하나님이 나의 주인임을 인정하고 고
백하는 나의 마음을 드리는 것이었다.

많지 않은 아들 월급에 엄마인 내가 뭘 바란 건 아니지만 그래

도 솔직히 엄마 몫이라고 제일 먼저 챙겨 놔 주는 아들의 마음을 나는 받고 싶었다. 그리고 받으니 좋았다. 첫 월급 타면 '뭘 해 줄까요?'라며 늘 와서 묻곤 했다. 만약 아들이 내 쓸 돈도 없다고 말해 버린다면 아들의 인색함에 난 얼마나 섭섭해 했을까.

그리곤 아차 싶었다. 하나님 앞에서 내가 얼마나 인색하게 굴었는지 마음이 찔렸다. 내가 쓸 것부터 먼저 챙기고는 늘 모자란다는 핑계로 하나님 앞에 즐겨 내지 못했었다. 돈이 내 통장에 들어오기 전까진 분명 하나님이 내 주인인데 통장에 입금됨과 동시에 돈이 내 주인으로 바뀌어 버린다. 순식간이다. 그럴 때마다 내가 참 간사하다는 것을 매번 느꼈다. 내가 돈을 벌어 십일조를 낼 때는 깨닫지 못하던 하나님 마음을 아들이 받아 온 월급을 보면서 알게 되었다. 하나님께 죄송했다. 그리고 아들에게도 하나님께 먼저 드려야 함을 가르쳐야 했다.

아주 오래 전에 내가 피아노 교습소를 하면서 생계를 이어 갈 때는 아주 힘든 시기였다. 그렇지만 그때는 하나님 앞에 마음을 다한 온전한 십일조를 드리고 싶었다. 아이들 회비가 들어오는 날이 일정하지 않아서 들어오는 대로 생활비로 쓰다 보니 십일조 드리기가 힘들었다. 그래서 레슨비가 들어올 때마다 십일조를 따로 떼어 구별했다. 8만 원 들어오면 8천 원, 10만 원 들어오면 1만 원… 그렇게 모아서 나의 십일조를 드렸었다. 그때는 정말 힘든 상황이었지만 그렇게라도 드릴 수 있어서 참 감사하고 기뻤다.

그리고 또 어느 날은 하나님께 돈 좀 달라고 떼라도 쓸 작정으로 기도실에 기도하러 갔다. 그런데 돈 달라는 기도는 안 나오고 자꾸 다른 중보기도만 하게 해서서 원래의 목적대로 제대로 기도

하지도 못하고 온 적이 있다. 그때 기도하는 중에 '믿음을 가져라'라는 소리가 내 마음에 자꾸 들리는 듯했다. "하나님, 저 돈 필요해요. 근데 어떤 믿음을 가져야 해요?"

난 최근까지도 그때의 기도가 생각날 때마다 그게 어떤 믿음인가요, 라며 묻곤 했다. 구체적으로 정확하게 알고 싶었다. 하나님께는 내게 돈을 채우시는 것보다 다른 것이 더 급하셨나 보다. 사실 하나님이 내게 돈을 주시는 것은 쉬운 일일 거다. 하나님께 있어서 돈이 가장 나중 것이고 가장 쉬운 것인데 우리 삶에 있어서는 돈이 가장 크고 중요해 보인다. 그날 계속 믿음을 가지라는 기도만 시키신 듯했다. 돈과 믿음을 가지는 것은 무슨 상관이 있는 것일까? 당연히 하나님이 내게 돈을 주시는 것이 내가 믿음을 가지는 것보다 쉬울 것이다. 내가 믿음을 갖는 것은 훈련이 필요한 것이니까.

하나님은 내가 더 성장하기를 바라셨다. 이전에 내게 주신 것을 잘 사용하지 못하고 내가 주인이 되어 함부로 했던 모든 것들 회개했다. 나의 우선순위가 하나님보다 물질이 먼저인 건 아니었는지, 십일조를 지키지 못했던 것들, 즐거이 베풀지 못했던 모습들, 하나님께 어떻게 쓸지 물어보지 않고 내 마음대로 썼던 일, 과거의 내 죄들, 하나하나 다 회개하고 하나님의 공급하심을 기대했다.

그런데 이제 알겠다. 하나님이 내게 주시길 원했던 믿음, 내가 알길 원했던 믿음… 몇 년의 시간이 흘렀는데 이제 알겠다. 하나님의 마음을 아는 것, 날 향한 하나님의 마음을 진심으로 아는 것, 그리고 온전히 맡기는 믿음까지. 하나님은 내가 이 믿음을 갖길 원하셨다. 온전히 맡기는 건 날 향한 하나님의 마음을 정말로 알게 될 때 가능한 것임을 알았다. 그리고 온전한 맡김으로 나의 십일조 도 가능하다는 것을 알게 되었다. 이제는 정말로 하나님을 하나님 답게 나의 주인으로 고백할 수 있겠다. 그리고 온전한 맡김도 할 수 있겠다.

오늘도 하나님 안에서 내가 또 한 번 쑥 잘 자란 것 같아 나는 내가 참 기특하고 좋다. 하나님도 날 흐뭇해하실 것 같다.

> **곧 헛된 것과 거짓말을 내게서 멀리 하옵시며 나를 가난하게도 마 옵시고 부하게도 마옵시고 오직 필요한 양식으로 나를 먹이시옵 소서 혹 내가 배불러서 하나님을 모른다 여호와가 누구냐 할까 하 오며 혹 내가 가난하여 도둑질하고 내 하나님의 이름을 욕되게 할 까 두려워함이니이다** (잠언 30:8-9)

예전에 어느 집사님이 이런 말을 했다.
"집사님, 남편은 안 변해요. 집사님이 그냥 다 하세요. 집사님이 한 1,000만 원쯤 벌어서 남편 갖다 주면 그때 집사님을 대하는 태 도가 바뀔 거예요. 남편에게 의지하려 하지 말고 집사님이 일해서 남편을 더 사랑하고 사세요. 집사님이 생각을 바꾸세요."

그때 난 왜 나만 항상 바꾸라고 하고 변하라고 하냐며 억울해했 었다. 그런데 내가 정말 1,000만 원쯤 벌어다 주면 남편이 변할 수 도 있을 것이다. 세상에서는 돈이 힘이니까. 내가 아니라 돈이 좋 고 겁나니까. 그럼 남편만 그럴까? 나 역시 남편이 내게 1,000만 원 씩 벌어다 준다면 나도 그 돈을 쥐고 있는 남편에 대한 태도가 바 뀌지 않을까? 나는 그 돈을 이길 자신이 있을까? 그 돈을 벌어서 내 손에 쥐어 주는 남편의 말을 거스르고 교회 일에 열심을 낼 수 있을까? 솔직히 그럴 수 없을 것 같다. 어쩌면 교회 나가는 것을 더 싫어하고 핍박할지도 모른다. 난 남편 눈치를 더 봐야 할 것이다. 돈의 힘, 돈의 유혹은 정말 커서 잘 쓰면 하나님께 영광을 돌릴 수도 있지만 잘못 쓰면 내 영혼을 죽이는 것이 돈이다.

나는 내 주위의 사람들을 통하여, 환경을 통하여 하나님이 나를 훈련 중이라고 생각한다. 많은 것들이 아직 다듬어져야 하겠지만 특히 돈에 대한 훈련을 내가 가장 힘들어 하는 것 같다. 요즘은 내가 돈을 벌지 않고 남편의 카드로 필요한 것을 쓰다 보니 눈치가 많이 보인다. 어쩔 때는 그것이 자존심이 상하기도 했다. 내가 벌어서 내 마음대로 쓰다가 지금은 남편의 눈치를 보며 돈을 써야 하는 것이 참 못마땅하기도 했다. 그러나 그렇게 화를 내고 마음 상해 봐야 내게 좋은 건 없었다. 계속 불평불만만 터져 나올 뿐이었다. 감사도 내 인생을 변화시키겠지만, 불평불만도 충분히 내 인생을 바꿀 수 있다. 물론 변화된 결과는 완전히 다를 것이다. 마음을 돌렸다. 해석을 달리하기로 했다. 아마 내가 돈을 더 지혜롭게 쓰도록 훈련중이신가보다, 라고. 남편을 통하여 돈을 쓰게 하시는 분도 하나님이심을 난 믿는다.

여러 방법을 통하여 내게 공급하시는 분은 하나님이시다. 나는 깨달음은 있어도 행함이 많이 없었다. 하나님 안에서도 마찬가지였다. 행함이 없는 믿음은 죽은 믿음이라고 했는데 나는 여태 죽은 믿음을 붙들고 살아 왔는지도 모른다. 특히 돈에 관한 내 믿음은 완전 꽝인 것 같다. 하나님 앞에 내어 놓는 걸 제일 못하는 것 같다. 하나님이 주시는 분인 것을 믿는다면서 받으려고만 하고 하나님 앞에 내어 놓으려는 마음은 눈곱만큼도 없는 인색한 자인지도 모른다.

어느 누가 그랬다. 하나님은 하나님 일을 하면 늘 알아서 채워 주시는 분이니 그냥 믿고 지르면 된다고. 난 아무래도 그냥 믿고 지르는 믿음도 없는 것 같다. 그 믿음을 키우고 싶다. 어쩌면 그 믿음을 키우기에 지금이 가장 적당한 때인지도 모르겠다.

너는 소경을 인도하는 소경

그냥 두라 그들은 맹인이 맹인을 인도하는 자로다 만일 맹인이 맹인을 인도하면 둘이 다 구덩이에 빠지리라 하시니 *(마태복음 15:14)*

몇 년 전에 아버지 팔을 붙들고 기도를 해 드린 적이 있다. 언제부터인가 팔에 혹처럼 불룩하게 몽우리가 생겨서 자꾸 아프다고 하셨는데, 그날따라 엄마가 아버지를 위해 기도를 해드리라고 하면서 내게 재촉했다. 엄마의 너무도 강한 권유에 어쩔 수 없이 아버지를 위하여 기도를 했다. 너무도 떨리고 두려워서 말을 더듬거리기도 하고, 머뭇거리면서 기도를 이어 나갔다. 손이 덜덜 떨리고 온몸이 땀으로 흠뻑 젖었다. 한 번도 누군가를 붙잡고 기도해 본 적이 없어서 얼마나 부끄럽고 두려웠는지 모른다. 기도하는 나의 말이 유창하지 못해 부끄러웠고 내 기도를 하나님이 과연 들어주실까 불안하기도 했다. 이렇게 요란하게 기도했는데 안 나으면 창피해서 어쩌나 여러 가지 생각들이 들어서, 기도를 마치자마자 도망가듯이 후다닥 집으로 와 버렸다. 그러나 하나님이 내 기도를 기쁘게 받으셨다는 확신이 들면서 마음이 편안해졌다.

그리고 갑자기 이런 생각이 들었다. 하나님은 하나님의 살아계심이 우리 입술로 선포되어지는 것을 기뻐하시는구나⋯ 아침 묵상시간에 주셨던 '두려워하지 말라, 떨지 말라'는 말씀을 놓고 나는 무엇을 두려워하고 있나 생각해 보았다. 나는 지금 총칼로 위협당하고 있지는 않지만 내 입술로 하나님을 선포하고 예수님 이름으로 기도하고 선포하기를 두려워하고 있었다.

내 생각 가운데만 갇혀 있는 하나님이 아니라 내 입술로 사람들 앞에 하나님이 역사하심을 고백하고 인정하고 선포하시기를 원하시는 것 같았다. 그런데 난 한 번도 그러지 못했었다. 혼자 조용히 믿으면서 응답을 해 주셔도 되고 안 해 주셔도 상관없는, 그래서 아무 일을 안 해 줘도 되는, 능력 없는 하나님, 우상 같은 하나님을 만들어 놓고 믿고 있었던 것이다.

저녁에 기도하는 중에 하나님이 말씀하셨다. 너는 소경을 인도하는 소경이다, 라고. 깜짝 놀랐다. 난 하나님을 믿는데 내가 왜 소경이지? 그런데 나는 정말 하나님을 보지 못하고, 그래서 능력도 없고 아무 역사도 하지 못하는 하나님을 만들어 놓고 섬기고 있으면서, 다른 사람들도 그런 하나님을 믿도록 만들고 있었다. 그러니 나는 하나님을 바로 보지 못하는 소경이 맞았다. 그러면서 또 다른 소경을 인도하려고 했다. 그러니 나의 믿음은 소경을 인도하는 소경이었음이 맞았던 것이다.

아버지 팔을 붙잡고 기도하고 난 뒤 아버지는 팔이 아프시다는 말씀을 안 하셨다. 어느 날 "팔은 좀 어떠세요?" 하고 여쭤보니 바빠서 팔이 아플 겨를이 없다 하셨다. 불룩하게 튀어나왔던 몽우리도 사라지고 없었다. 아버지가 말로는 인정을 안 하셨지만 난 하나님이 치유하시고 응답해 주셨음을 보았다. 능력의 하나님을 보았다.

솔로몬이
마음을 돌려

솔로몬이 마음을 돌려 이스라엘의 하나님 여호와를 떠나므로 여호와께서 그에게 진노하시니라 여호와께서 일찍이 두 번이나 그에게 나타나시고 이 일에 대하여 명령하사 다른 신을 따르지 말라 하셨으나 그가 여호와의 명령을 지키지 않았으므로 (열왕기상 11:9-10)

솔로몬이 마음을 돌려….

사랑을 주던 마음을 돌려 버릴 때, 사랑하던 이의 마음이 돌아서 버릴 때의 깊은 배신감과 절망감을 나는 안다. 하나님의 진노하심이 당연하다고 생각했다. 그리고 자꾸 입에서 맴돈다. 솔로몬이 마음을 돌려… 마음을 돌려….

그리고 문득 내가 돌려 버렸던 마음들이 생각나고 내게서 돌아섰던 마음들이 기억났다. 어쩌면 우리는 주지 않는 마음 때문에 속상하고 아픈 것이 아니라, 돌아서는 마음, 변해 버리는 마음 때문에 진짜 아픈지도 모른다.

모든 지킬 만한 것 중에 더욱 네 마음을 지키라 생명의 근원이 이에서 남이니라 (잠언 4:23)

지켜야 할 마음이 있고, 돌려야 할 마음도 분명 있다. 그것을 잘 분별하는 지혜와 결단은 반드시 필요하다. 우리는 간혹 지켜야 할 것과 돌려야 할 것을 바꾸어 하는 죄를 범하기도 한다. 이렇게 쓰여졌더라면 좋았을 텐데.

솔로몬이 마음을 돌려 다른 신들에게서 떠나므로….

하나님은 질투의 하나님이시다. 하나님이 아닌 다른 것에 내 마음을 뺏기는 것은 우상숭배라고 하셨다. 나는 결국은 하나님 안에 있어야 살 수 있는 자이고 그렇게 살아야 하는 자라는 것을 종종 생각한다.

그러고도 곧잘 다른 곳으로 마음을 돌려 기웃거릴 때가 많다. 혹시나 이곳은 어떤가 하고 한 발은 하나님께로 걸치고 또 한 발은 다른 곳을 걸쳐서 양다리 신자로 있을 때가 많다. 그러나 내가 하나님께 온전한 마음을 드리기 위해서는 무언가를 잘라내는 과정이 필요하다는 것도 알게 되었다. 좋은 게 좋은 거고 다 괜찮은 게 아니었다. 때로는 내게서 쫓아내어야 할 것들, 완전히 죽여야 할 것들이 있었다.

잘라내기… 지금 내게도 잘라내야 하는 것이 있는데 어느 날은 잘라냈다가, 또 어느 날은 다시 주워 와서 붙였다가… 알면서도 마음대로 안 되는 내 마음이다.

성경에는 어둠을 사람처럼 표현해서 어둠이 나를 잡으러 다니는 것처럼 이야기한다. 술래잡기 하듯이 어둠에 붙잡히지 않도록 죄에서 멀리멀리 다니라고 한다. 그렇다. 어둠은 나를 잡으려고 찾아오기도 한다. 물질을 가지고 다가오기도 하고 나의 외로움을 타고 내 생각 속으로 뛰어들기도 했다. 내가 죄에 빠지도록 하기 위해 어둠은 육신의 정욕, 안목의 정욕, 이생의 자랑으로 더 화려하게 다가오기도 한다. 어떤 때는 그 어둠에서 멀찌감치 떨어져 있을 때도 있지만 어떤 때는 잡혀줄까 말까 아슬아슬하게 일부러 앞에서 알짱거리고 있을 때도 있었다. 또 어떤 때는 오히려 내가 잡을까 말까 고민할 때도 있었다.

요셉은 죄에 붙잡히지 않으려고 웃옷을 벗어놓고 도망갔다. 결백함에도 불구하고 감옥에 가야 했지만 요셉은 원망하지 않았다. 하나님 앞에서 죄짓지 않으려는 모습, 결과가 어떻게 나타나더라도 하나님 앞에서의 마음, 그것이 진짜 중요한 거였다.

바보인가요

또 눈은 눈으로, 이는 이로 갚으라 하였다는 것을 너희가 들었으나 나는 너희에게 이르노니 악한 자를 대적하지 말라 누구든지 네 오른편 뺨을 치거든 왼편도 돌려 대며 또 너를 고발하여 속옷을 가지고자 하는 자에게 겉옷까지도 가지게 하며 또 누구든지 너로 억지로 오 리를 가게 하거든 그 사람과 십 리를 동행하고 네게 구하는 자에게 주며 네게 꾸고자 하는 자에게 거절하지 말라 (마태복음 5:38-42)

　하나님, 요즘 이런 사람이 어디 있습니까? 요즘 이렇게 살면 바보 소리 듣습니다. 가끔은 하나님 참 답답한 말씀을 하시는 것 같습니다. 요즘은 싫으면 싫다, 좋으면 좋다, 자기 의견을 확실히 말하고 표현하는 시대입니다. 다른 사람 신경 쓰지 말고 나하고 싶은 대로 하고 살라고 합니다. 오른 뺨을 치면 맞고 있지 말고 너도 치라고 가르칩니다. 맞고 있으면 때린 자보다 맞고 있는 자를 더 욕합니다. 바보라고요. 오른 뺨을 치는데 왼편까지 내밀어 주는 사람이 요즘 어디 있습니까?

　그래도 하나님은 말씀하시겠죠. 악한 자를 대적하지 말고 선으로 악을 이기라고요. 차라리 바보가 되라고요….

　가끔 나는 말을 유창하게 잘했으면 좋겠다고 하나님께 떼쓴다.

대적하는 자에게, 내게 함부로 하는 자들에게 하나님 말씀으로 권면하여 아무 말 못하도록 코를 납작하게 해 주고 싶은데 오히려 그들 앞에서 내가 아무 말도 못하는 모습이 너무 바보 같고 한심해 보여서 속상할 때가 많았다. 그러나 하나님은 내가 하나님의 말씀으로 교만해지길 원하지 않으신다. 지금 우둔한 나의 말로도 실수하고 상처 줄 때가 많은데 내가 말을 더 잘하면 하나님 말씀을 무기 삼아 얼마나 교만히 행하겠으며 다른 사람들을 얼마나 더 아프게 하겠는가. 하나님은 하나님의 말씀이 아무 곳에나 아무렇게나 선포되어지는 걸 원하지는 않으실 거다.

하나님의 말씀은 살아있고 활력이 있어서 좌우에 날선 어떤 검보다도 예리하여 혼과 영과 및 관절과 골수를 찔러 쪼개기까지 하며 또 마음의 생각과 뜻을 판단하신다(히4:12).

하나님의 말씀은 사람을 살리고 회복시키는 곳에 선포되어 져야 한다. 하나님은 악한 자를 벌하시는 것보다 하나님의 자녀인 내게 먼저 관심이 있으시다. 내가 먼저 나의 부족함을 보게 하시고 변화되길 원하신다. 남들은 그저 간섭하기를 좋아할 뿐, 내 삶을 책임져 줄 수는 없다.

훈련도
두 배

아들이 좀 더 크고 내가 좀 더 어른이 되면 내가 받아야 할 훈련이 좀 줄어들 것이라 생각했다. 삶이 좀 수월해지겠지, 라고 생각했다. 그만큼 내 믿음도 좀 더 자라 있을 것이기에 혹시 어떤 어려움이 와도 좀 쉽게 이겨낼 수 있는 힘이 생겨 있을 거라 기대했다. 이젠 좀 쉬워지지 않을까 생각했는데 오히려 더 어려워질 것같다.

내가 어른이 된 만큼, 내 믿음이 성숙한 만큼 시련도 훈련도 더 강도가 세어질 것 같다. 그러나 기쁨 또한 더 커질 것이라 생각한다. 다른 은혜 또한 더 깊어질 거라 생각한다. 그저 잘 먹고 잘 사는 것만이 하나님이 주시는 복이 아니기에 더 치열하게 기도를 시킬지도 모른다.

아들이 하나님 앞에 엎드려야 할 부분이 있을 것이고 아들이 하나님과 풀어 가야 할 문제가 있을 테고 그 가운데서 나는 바라보고만 있어야 할 때도 있을 테고 그래도 기도해 줘야 할 것이기에 아들이 하나님 앞에서 훈련을 시작할 때 내 훈련은 배가 될 것 같다.

내 기도만 아니라 아들이 겪을 훈련 기도까지 같이 해야 하니까… 아들이 어른이 되어 가면 좀 수월해질 거라 생각했는데 세상

속으로 혼자 뚜벅뚜벅 걸어가는 아들을 보고 있으니 하나님 앞에 맡겨야 할 부분이 더 많아졌다. 사망의 음침한 골짜기를 다닐지라도 주의 지팡이와 막대기로 안위해 달라고 더 기도하게 될 일이 많아졌다.

아들이 중학교 1학년일 때 교회에서 겨울 수련회를 다녀왔다. 은혜를 많이 받고 와서는 다음날부터 오후에 기도 모임을 간다며 추운데 혼자서 교회에 올라가곤 했다. 기도회 첫날에는 아무도 없는 기도실에 혼자 들어가기가 무서워 화장실에서 혼자 기도하고 내려왔다고 했다. 그리고 다음날도 계속 기도하러 올라갔다.

오늘 새벽 기도 중에 그때의 아들 모습이 기억났다. 하나님께 이끌렸기에 기도의 자리에 나간 것이겠지. 난 그렇게 믿는다. 그리고 그것이 중요하다고 생각한다. 나 혼자 열심히 달려가는 것이 아니라 하나님께 이끌리는 삶, 그래서 달려갈 수 있는 삶….

아들의 그 모습이 회복되어 돌아오기를 기도한다. 화장실에서라도 혼자 했던 그 기도를 다시 하기를 하나님도 기다리고 계시겠지.

기도하는
모세처럼

고라의 일로 다단과 아비람의 모든 처자와 유아들이 죽게 되었지만 다음날 이스라엘 자손들은 오히려 모세와 아론을 원망하고 그들을 죽이려고 한다. 여호와의 영광이 나타나 여호와께서 모세에게 이르시기를 이 회중에게서 떠나라 그들을 순식간에 멸하겠다고 하시지만 모세와 아론은 엎드려 이스라엘 자손들을 위하여 속죄 기도한다(민수기 16:12-24).

하나님 앞에 원망과 불평도 범죄가 된다. 땅이 입을 벌려 다단과 아비람의 사람들을 삼켜 버릴 때 두려워서 도망하였지만 그 상황이 두렵고 죽을까 싶어 도망했던 것이지 진정 하나님을 두려워함이 아니었다. 결국은 다시 원망함으로 범죄의 모습을 나타내는 완악함을 보인다. 하나님도 답답하셨을 테고, 모세와 아론도 답답했을 것이다. 하나님은 이스라엘 자손들을 멸하겠다고 모세와 아론에게 그들에게서 떠나라고 하셨지만 끝까지 한 번 더 엎드리는 모세와 아론을 보면서 진정 겸손한 사람임을 보게 된다.

내가 하나님 앞에 인정받는 사람임을 자랑하는 것이 아니라 하나님 앞에 범죄하여 멸망 받는 자손들을 더 불쌍히 여기고 살게 해 주고자 기도하는 모습은 겸손하지 않으면 나타날 수 없다. 사람들은 하나님의 일을 할 때, 진짜로 하나님의 일을 하는 것보다 내가 하나님의 일을 하는 사람으로 드러내는 것을 더 좋아한다. 인정받는 것을 더 소중하게 생각한다. 내가 어떤 사람인가, 어떤 사람으로 인정받는가, '나'에게 더 관심을 둔다. 그래서 부족한 사람을 보면 비난하기도 한다. 왜 그렇게 하지 못하냐고….

하나님은 축복의 말씀을 주시는데도 끊임없이 원망하는 이스라엘 백성들을 두고 모세는 하나님께 그 백성들을 위한 중보기도를 한다. 원망을 해대는 백성들 때문에 마음이 괴롭다고. 모세가 하나님 앞에서 왜 내게 이 백성을 맡겨 내게 짐을 지게 하시냐고, 책임이 중하여 혼자서는 이 모든 백성을 감당 할 수 없다고 기도하는 모습을 보면서 말씀을 읽는 중에 눈물이 났다. 그렇게 불평하는 무리들을 이끌고 하나님이 명령하신 곳으로 가는 그 마음이 얼마나 힘이 들까도 싶었다. 쉴 새 없이 불평하고 원망하는 무리들의 모습은 마치 쉴 새 없이 낙심하고, 두려워하는 내 모습 같아서 너무 마음이 아프고 찔렸다.

좋은 것을 주시고 싶어 하는 하나님의 마음과 중보자이자 리더인 모세의 마음, 하나님의 인도하심과 보호하심 중에도 끊임없이 불평과 원망으로 나아가는 이스라엘 백성들의 모습이 확실하게 느껴져 왔다.

중보자의 자리는 그렇게 외롭고 힘든 거 같다. 우리 예수님이 그러하셨을 테고, 알아주지 않아도 하나님께 받은 사명으로 그 일을 감당해 내는 리더들의 섬김도 생각났다. 셀 리더와 마을장님들께 감사했다.

모세는 백성들을 비난하지 않는다. 그들을 위하여 엎드려 속죄 기도를 드릴 뿐이다. 모세와 아론의 엎드림으로 이스라엘 자손들은 다시 살게 되며 염병에서 놓여나게 된다. 내가 사는 것도, 그저 내가 잘나서 사는 것이 아니라 누군가의 엎드림으로 내가 오늘도 살아가고 있는지도 모른다.

모세의 간구함의 모습이 예수님의 모습 같다. 예수님은 내가 끝없이 배신하고 죄 가운데 있을 때에도 끝까지 용서하시고 돌아오길 기다리시는 영원한 중보자이시다. 모세는 하나님의 명령으로 이스라엘 백성들을 애굽에서 이끌어낸 지도자이면서 끊임없이 하나님 앞에 백성들을 위하여 기도하는 자였다.

백성들이 자신을 향하여 오히려 원망하고, 죽이려고 할 때 자신 또한 하나님 앞에서 원망할 수도 있고, 하나님 일을 못하겠다고 내려놓을 수도 있었을 텐데, 끝까지 기도하는 사람이면서 하나님과 대면하는 사람이었다. 그리고 백성을 위해 기도하는 자였다.

하나님을 대면하고 백성을 위하여 기도하는 중보자… 예수님이 그러하다. 하나님의 아들이면서, 하나님을 잘 아시면서 또한 죄인들을 위하여 늘 기도하시는 분. 오히려 죽이려고 덤벼드는 백성을 위하여 엎드려 기도했던 모세와 아론을 기억하고, 예수님을 기억하고 닮고 싶다.

처음
만들기

학교를 다닐 때는 100미터 경주를 하는 단거리 선수였다면 중년인 지금 나는 얼마나 오래 달리느냐가 중요한 장거리 선수로 바뀌어 있다. 지금의 내게는 1등이 의미가 없다. 1등으로 달리고 있는데 "뒤로 돌아" 해 버리면 꼴찌가 되어 버릴 수도 있는 것이 인생이다.

등수는 누가 어떤 기준을 두느냐에 따라 1등이 될 수도 있고, 꼴찌도 될 수 있는 것이다. 삶은 장거리 오래 달리기이다. 나도 지금 그런 시간을 보내는 중이다. 학교에 다닐 때는 1등을 강요받았다. 성적이 나를 말해 주는 것이었기에 서로 예민해졌고 스트레스를 받지 않을 수 없었다. 학교를 나와 보니 그 성적은 그리 쓸모가 없었고, 성적이 나를 대신해 주지도 않았으며, 그리 도움이 되지도 않는다는 걸 알았다. 성적대로 내 인생이 고품격이 되는 것도 아니었다.

내가 지난날을 돌아볼 때 조금 후회하는 것이 있다면 대학이라도 집을 떠나 먼 곳으로 가 볼 걸, 그래서 기숙사 생활이든, 자취생활이든 혼자 새로운 시작을 한 번 해 볼 걸, 나의 처음을 많이 만들어 볼 걸 하는 것이다. 너무 엄마 품 안에만 있었던 것 같고, 집을 떠나 볼 생각은 아예 못 해 봤다. 집을 떠나 봐도 된다는 생각을 못 했던 것이다. 다시 인생을 살 수 있다면, 아니 지금부터라도 나는 내 인생의 처음을 많이 만들어 보고 싶다.

넷

빛을 들고 세상으로

평생 나를 붙들어 준
하나님께 드리는
어린아이 같은 고백

기쁜
소식

가끔은 지독하게도 아무것에 집중하지 못할 때가 있다. 책을 읽어도 감동이 없고, 아무리 격하게 공감이 되는 척 하려 해도 무미건조한 시간들이 있다. 아무리 내 속에서 무언가를 끄집어내려 해도 아무것도, 찌꺼기조차도 나오지 않을 때가 있다. 그럴 때는 내 심령이 메말라 있는 것이다. 성령의 단비를 다시 구해야 할 때이다.

제자 훈련을 받기 시작했을 때 난 복음을 전하는 것에 선한 부담을 갖게 되었다. 말을 잘할 자신은 없었기에 백지 전도를 연습해서 그냥 외워 버리기로 했다. 그래서 잠시 틈만 나면 머릿속으로 백지를 그려가면서 전도법을 익히고 혼자말로 중얼중얼 거렸다. 화장실에 앉아서도, 버스를 타고 가면서도, 길을 걸어가면서도, 중얼중얼, 중얼중얼.

그런데 참 이상했다. 다른 사람에게 전하려고 백지 전도법을 외우고 연습하고 다녔는데 그 복음의 말씀이 내 안에 뿌려지고 들릴 때마다 내가 살아나는 것을 느꼈다. 내 안에 먼저 기쁨이 충만해지는 것을 느꼈다. 복음은 역시 힘이 있구나, 복음은 역시 사람을 살리는 거구나, 복음은 생명이구나…. 그때의 기쁨을 다시 찾고 싶다.

*바로의 신하 중에 여호와의 말씀을 두려워하는 자들은 그 종들
과 가축을 집으로 피하여 들였으나 여호와의 말씀을 마음에 두지
아니하는 사람은 그의 종들과 가축을 들에 그대로 두었더라* *(출
9:20-21)*

말씀을 두려워하는 자의 결과와 말씀을 마음에 두지 아니하는
자의 결과는 결국 삶과 죽음이다. 같은 말씀을 듣고도 두려워함으
로 말씀대로 행하는 자들은 살겠으나, 듣고도 마음에 두지 아니하
는 자들은 결국은 죽음의 결론을 맞는다. 복음을 받아들이는 자
와 받아들이지 않는 자이다.

꿈

1.

그때는 내가 교회를 다녔던 것도 아니고, 하나님에 대해서 알았던 것도 없었다. 그저 막연하게 이 세상에서 제일 크신 분으로 하나님을 알고 있었을 뿐 나와는 크게 상관이 없는 그저 신의 존재일 뿐이었다.

그런데도 꿈속에서 어떤 위험한 것으로부터 쫓기게 될 때는 어김없이 하나님을 불렀다. 요술 램프속의 지니를 불러내듯이. 그러면 신기하게도 내가 서 있는 그 자리에 투명으로 된 유리막이 위에서부터 아래로 쳐져서 그것이 나를 보호해 주는 것이었다. 나를 쫓아오는 어떤 무서운 것도 더 이상 내게 접근을 못하고 투명 막의 바깥쪽에서 으르렁거리고만 있었다. 그리고 나는 너무나도 평안한 상태가 되어 두려움도 불안함도 없이 푸근한 마음으로 잠이 깨곤 했다.

한 번이 아니라 여러 번 똑같은 꿈을 자주 꿨다. 그때는 몰랐는데 나중에 예수님을 알게 되고 예수님의 이름이, 예수님의 피가 능력이 있다는 것을 알게 되면서 그때 내 꿈속에서 부른 하나님의 이름이 정말 능력 있음을 느끼게 됐다. 나를 덮어 씌워 준 투명 막은 예수님의 보혈의 피가 아니었나 싶었다.

어떤 위험으로부터, 악한 것으로부터 나를 지켜주는 예수님의 보혈로 집안 곳곳을 덮으면서 나는 기도한다. 어떤 악하고 더러운 것들이 접근도 못하고 떠나가도록, 매일매일 주의 보혈로 덮는다. 내가 주님을 알기 전부터 주님은 나의 보호자가 되시고 지키고 계셨구나 생각하니 참 든든해진다.

2.
학교에 다닐 때는 가위 눌림이 심했다. 고등학교 때부터 가위 눌림이 시작된 것 같다. 내가 예수님을 영접하고 신앙생활을 막 시작하게 되었을 때 어느 날 밤 꿈에 세모, 네모, 이상하게 생긴 여러 모양들이 내 한쪽 귀에서 줄지어 나와서 나를 둘러싸고 빙빙 돌면서 춤을 추다가는 다른 쪽 귀로 다시 들어갔는데 그것들이 내 귀로 다시 들어갈 때는 고막이 찢어지는 것처럼 아팠다.

그때의 꿈을 시작으로 난 가위 눌림이 심해서 잠이 막 들려고 하는 순간이면 어김없이 무언가가 내 손발을 묶고, 목을 졸라서 꼼짝도 못하게 만들었다. 입도 벙긋 못하고 소리도 나오지 않았다. 한참을 그렇게 괴롭힘을 당하다가 잠이 들곤 했는데 밤마다 잠자리에 드는 것이 무서웠다.

어른이 되어서도 간간히 가위에 눌려 괴로웠는데 예수님의 이름이, 예수님의 보혈이 능력이 있음을 알고 난 후로는 밖으로 소리 낼 수는 없었지만 예수님 이름을 부르면서 강하게 대적기도를 했다. 그랬더니 신기하게도 목을 조르던 것이 스르르 풀리고 편안해지는 것이었다. 요즘은 가위 눌림이라곤 전혀 없다. 학생 때부터 시작된 가위 눌림이 결혼한 후에도 얼마간 계속 되었는데 예수님 이름을 부르고부터는 내게 접근하지 못함을 보게 되었다.

나의 잠자리를 지켜주시는 예수님이시다.

동행

하나님과의 동행을 여태껏 내가 잘못 생각하고 있었던 것 같다. 옆에서 함께 걷는 것, 어느 때는 내가 가는 곳으로 그냥 따라와 주는 것, 그러면서 내가 원하는 대로 잘 되게 해 주시는 것, 그것을 하나님과의 동행이라 생각했다. 기도부터가 잘못되었다. "늘 저와 동행해 주세요"라는 내 기도는 "내가 어디로 가든 따라다니면서 잘 되게 해 주세요"라는 뜻이었다.

동행은 하나님과 나란히 걷는 것이 아니라 했다. 하나님 뒤를 따라 가는 것이 동행이라 하셨다. 하나님이 사인을 주실 때까지 기다릴 줄도 알아야 한다고 하셨다.

그렇지만 여태까지 처음에 일을 시작할 때는 나란히 걷기 시작하다가 어느새 나 혼자 저만치 앞서 뛰어가서 주님이 보이지 않을 때도 많았고 나 혼자 앞서 가다가 어려움에 부딪히면 왜 동행해 주지 않으시냐고 투정하면서 주님이 빨리 내 옆으로 와주길 바라기도 했다. 그렇게 기도해 온 것이 내 모습이었다.

그 길이 아니야, 라면서 주님이 오히려 내가 돌아오기를 기다리실 때 나는 내 생각을 내려놓기 싫어서, 포기하기 싫어서, 돌아가기 싫어서 뻗댄 적도 얼마나 많았던가. 내 생각이 맞는 것 같고 내 방법이 정답인 것 같은데 아니라고 하시니 답답해했던 적은 얼마나 많았던가.

나는 하나님 음성 듣기를 싫어하고, 하나님의 뜻을 인내하고 기다리기 싫어하고, 하나님의 뜻에 순종하기 싫어하는 마음이 있다. 내가 하고 싶은 대로 할 테니 하나님이 잘 되게 해 주시는 것이 축복이라 착각하고 하나님의 뜻과는 상관없이 내 마음대로 하고 싶었다.

기다리는 것이 힘들어서 싫었고, 순종하면 왠지 내 것을 포기해야 하니까 손해 보는 것 같아서 내 생각에 좋을 대로 행한 적이 많았다. 내 뜻 안에서 하나님의 뜻을 찾으려고 했고, 내 유익 안에서 하나님께 순종하려고 했던 이기적인 믿음이었다.

하나님, 이제 나의 기도와 나의 말부터 고치겠습니다. 하나님 동행해 주세요, 가 아니라 하나님과 동행하겠습니다, 라고. 내가 가는 길에 따라 오세요, 가 아니라 하나님 가시는 길을 내가 뒤에서 순종하며 따라가겠습니다, 라고.

교회의 가족이
된다는 것

한때 교회에는 다니고 있어도 모든 면에서 건강하지 못한 적이 있었다. 남편과의 관계 때문에 그것이 오히려 내 안에 병을 만들고 문제를 만들고 나를 더 힘들게 했다. 곧잘 우울증과 무력감에 빠져 헤매기도 하고 겉으로는 아닌 체 해도 내 속에는 온갖 쓰레기들로 가득 차 있었다. 그렇게 교회 생활을 하면서 영적 갈급함이 생기게 되었고 살아있는 하나님의 말씀을 듣고 싶다는 바람이 생겼다. 그때까지 들었던 예배 설교 말씀은 주로 예화를 들어서 설명하는 교훈적이고 도덕적인 이야기들 위주였다. 하지만 그런 이야기는 교회가 아니라도 어디에서나 들을 수 있었다.

난 하나님만이 주실 수 있는 말씀이 듣고 싶었다. 그리고 말씀의 은혜가 무엇인지, 하나님의 말씀이 주는 위로와 기쁨, 힘이 어떤 것인지 알고부터는 말씀이 있는 자리를 놓치고 싶지 않다는 욕심이 생겼다. 나중이 되어서야 그 모든 원인은 영적인 것으로 형식적인 예배가 나를 건강하지 못하게 했고 하나님과의 관계가 잘못되어 있기 때문이라는 걸 알게 되었다. 사단은 늘 나를 넘어뜨리려 나의 약한 부분을 자주 공격했다. 믿음은 내가 하나님 편에 서겠다는 나의 선택이며 또한 결단이라고 생각한다. 이 세대를 본받지 말고 오직 마음을 새롭게 함으로 변화를 받아 하나님의 선하시고 기뻐하시고 온전하신 뜻이 무엇인지 분별할 수 있도록 늘 깨어 기도하면서 그리스도의 장성한 분량까지 자라갈 수 있는 자가 되기를 소망했다.

그리고 교회 안으로 들어가 배우고 섬기면서부터 그때부터 내 신앙도 함께 자란다는 것을 알게 되었다. 영적으로 성장한다는 것이 무엇인지, 하나님과 더 가까워진다는 것이 무엇인지 알게 된 것이다. 교회를 더욱 사랑하게 되었고, 목사님을 위한 기도 또한 커져 갔다. 지금까지 나를 이끌어 주셨던 여러 리더들과 섬김이들이 있었기에 내가 성장할 수 있었고, 나 또한 당연히 다른 사람들을 또 그렇게 섬겨야 했다. 생각해 보면 신앙생활을 해 오는 동안 나를 도와주는 필요한 자들이 늘 내 곁에 있었다.

처음으로 하나님을 만나고 하나님께 헌신하게 되었을 때, 내가 생각하고 글을 쓰는 모든 것은 온통 하나님이 대상이었고, 하나님이 기뻐하시는 것을 나만의 방법으로 표현하고 싶어 했다. 나는 하나님의 이야기를 글로 쓰고 싶었다. 그러기 위해서는 정말 하나님과 친해야 했고, 하나님께 집중되어 있어야 했으며 하나님께 민감하게 반응하고 순종해야 했다.

교회 안에서의 홀로서기를 자랑하고 즐기기만 해서는 안 된다. 혼자 있을 때 우리는 마귀의 공격을 받기 쉬우며 실패하기 쉽다. 내가 어느 지체와도 함께하지 않고 홀로서기만 고집할 때는 어김없이 패하였고 얼마 후엔 나의 회복을 위해 주위의 지체들에게 다시 기도를 부탁해야 했다. 그렇게 나를 키워 줬던 곳이 교회였다.

내가 얼마나
깨끗한데

사람의 행위가 자기 보기에는 모두 정직하여도 여호와는 마음을 감찰하시느니라 (잠언 21:2)

내놓고 파는 밑반찬들이 맛있어 보여서 지나는 길에 반찬 가게에 들렀다. 묵도 사고 양념 깻잎을 좀 샀다. 묵은 1개에 삼천 오백 원, 3개에 만 원이란다. 묵은 좀 비싼 듯했다.

"3개까진 필요 없어요. 묵 양념장 좀 주세요."

주인 할머니가 묵 양념장을 가지러 간 사이에, 옆에 할머니 한 분이 밑반찬들을 사고 있었다.

"할머니 이 깻잎 얼마치인가요?"

"오천 원~ 이 집이 비싸지만 맛있어."

"마트보다 훨씬 싸네요."

정말 마트에서 사면 2만 원도 훨씬 넘어 보일 만큼의 양이었다. 그랬더니 할머니가 내게 찡긋 눈짓을 하시며 손사래를 친다. 그리곤 작게 속삭인다.

"마트보다야 싸지만 주인한테는 싸다는 말 하지 마. 절대 하지 마."

난 할머니께 협박당했다.

주인 할머니가 묵 양념장을 가지고 나오셨다.

"할머니, 여기 머리카락이 붙었어요."

"머리카락이 어디 있어? 없어. 내가 얼마나 깨끗한데, 매일 목욕하고 깨끗하게 해서 반찬 해. 머리카락 없어."

"여기 있네요" 하며 묵장에 붙은 제법 긴 머리카락을 떼어 내는데도 결코 머리카락은 없단다. 할머니는 매일 목욕해서 깨끗하다는 말만 한다. 매일 목욕을 하고 깨끗이 해도 머리카락은 떨어질 수 있는 건데, 그냥 '어, 그러네. 미안해' 하면 될 것을, 본인 손으로 머리카락을 떼어 내면서도 머리카락은 절대 없단다. 반찬가게 할머니는 또 이렇게 막 우겼다. 어쩌면 사람들은 다 그럴지도 모른다. 정직해야 한다면서도 내 기준에서 정직을 말하고 내 유익에 합당하게 정직을 말한다.

학교 교과서는 정직을 가르치지만 사회에서, 삶에서는 정직을 가르치지 않는다. 내 유익을 먼저 챙기는 것만 가르치고, 몸소 보여 주기까지 한다. 내 유익 안에서의 정직이다.

사람들은 잘못된 것이 있으면 인정하면 될 것을 그걸 못한다. 아니 인정하기 싫어한다. 내 눈에 보이는 것도 이렇게 우기는데 보이지 않는 것은 얼마나 더 우길까. 누구나가 그렇지만 사람은 자기가 듣고 싶은 것만 듣고, 듣고 싶은 대로 듣기 때문에 정확하게 말을 하고 전해야 한다.

난 거짓말 하는 것이 참 불편하다. 크고 작은 거짓말도 내 발목을 잡을 때가 많다. 다른 사람의 유익보다 내 유익이 더 큰데, 마치 다른 사람을 위해서 내가 해 주는 것처럼 보이는 일도 못하고, 거짓말을 조금 넣어 줘야 설득력이 있는 일도 난 못한다. 내가 힘껏 하다가 안 되는 건 어쩔 수 없지만 처음부터 안 되는 걸 알면서 눈속임으로 일을 시작하는 건 더 못한다.

이런 날 보고 누군가는 배부른 소리 한다며, 아직 먹고 사는 게 덜 급한 것 같다고 했다. 그러나 분명한 건 정직하게 일하지 않는 건 언젠가 드러나며 어딘가 막히게 된다는 점이다. 뒤틀리게 되어 있다. 그렇다고 내가 완벽하게 정직한 것도 아니다. 나는 안 그래 하면서도 나도 정직하지 못할 때가 많다. 정직보다는 내 욕심을 좇을 때가 많다.

아들이 어릴 때, 잘못을 인정하는 것, 사과하고 용서를 구하는 것은 중요한 거라고 말해 주곤 했다. 생각으로만 인정하는 게 아니라 말로도 고백할 줄 알아야 한다고. 그건 큰 용기가 필요한 일이라고. 그런데 어른이 되어 갈수록 잘못을 인정하는 건 약한 거라고, 지는 거라고 배우는 것 같다.

이번 한 주간 계속 묵상한 말씀은 '거룩함'에 관한 것이었다. 하나님은 거룩하지 않고 속된 것, 음란한 것들을 불사르고 죽이라고 계속 말씀하신다. 왜 이렇게 자꾸 죽이라고 하실까. 말씀을 읽으면서도 마음이 불편하고 이해가 안 되었다. 하나님을 모르는 자들이 보면 잔인한 하나님, 나쁜 하나님으로 오해할 것 같았다. 그러나 한 주를 정리하고 새로운 주를 시작하는 오늘에서야 그 뜻을 알겠다.

> **너희는 나에게 거룩할지어다 이는 나 여호와가 거룩하고 내가 또 너희를 나의 소유로 삼으려고 너희를 만민 중에서 구별하였음이 니라** (레위기 20:26)

하나님은 나를 구별하셨다. 그리고 내가 구별되어 살길 원하신다. 내 안에 부정하고 거룩하지 못한 것들이 아주 작게라도 남아 있다면 이것들은 어떤 환경이나 조건이 되면 다시 내 안에서 자라게 된다. 원래 부정적인 것들은 더 잘 자란다.

사람은 공허해지면 죄를 짓는다고 한다. 내가 하나님으로 온전히 채워지지 않으면 내 안에 완전히 죽이지 않은 부정한 생각들과 허탄한 생각들이 다시 스멀스멀 자라나기 시작하는 것이다. 이번 한 주 동안 내가 그것을 경험했다.

내 생각이 허탄해지면, 내 말이 달라진다. 내 말이 달라지면 내 모습도 달라진다. 내가 무엇을 생각하며 사느냐에 따라 내가 쓰는 시간이 달라진다. 내 시선을 하나님께로, 내 생각을 하나님께로 맞추지 않으면 난 자꾸 세상의 기준으로 나를 보게 된다. 비교하게 되고, 주눅 들고, 불안하고, 두려워지고, 우울해지고, 좌절하게 된다.

거룩하신 하나님이시며 또한 내가 거룩하기를 원하시는 하나님이시다. 내가 누구를, 무엇을 선택하느냐에 따라 내가 살아가는 삶의 기준이 달라진다. 하나님은 나의 하나님이 되시려고 나를 불러내어 인도하셨고 또 거룩하게 살도록 명령하신다. 나를 통하여 하나님을 나타내야 한다.

몸을 구별하여 거룩하게 하라고 말씀하신다. 부정한 것은 먹지도 말고, 가까이 하지도 말고, 만지지도 말고, 혹 만지게 되었을 때는 깨끗이 씻으라고 거듭 말씀하신다. 이는 죄의 어떠한 작은 것에도 물들지 않기를 명령하시는 것이다. 아무리 작은 죄라도 죄의 영향력은 내게 아주 크게 미칠 수 있다는 것을 기억해야 한다.

알지 못하는 중에, 혹은 원하지 않는 중에 부정하게 되는 경우도 있지만 스스로 더럽혀 부정하게 되는 경우도 있다. 알면서도 스스로 죄의 길로 들어서는 때가 있는 것이다. 그래서 하나님은 내 안에 부정한 것, 거룩하지 못한 것, 속된 것은 다 죽이라고 하신다.
하나님은 내가 하나님의 자녀로 구별되어 살기를 원하시는 것이다.

> 나는 너희를 만민 중에서 구별한 너희의 하나님 여호와이니라
> 너희는 스스로 깨끗하게 하여 거룩할지어다
> 나는 너희의 하나님 여호와이니라
> 너희는 거룩할지어다

하나님이
주시는 만나

그때에 여호와께서 모세에게 이르시되 보라 내가 너희를 위하여 하늘에서 양식을 비 같이 내리리니 백성이 나가서 일용할 것을 날마다 거둘 것이라 이같이 하여 그들이 내 율법을 준행하나 아니하나 내가 시험하리라 (출애굽기 16:4)

하나님은 내게 만나를 공급해 주신다. 아무도 모르는 만나…. 만나는 이스라엘 백성들이 광야를 지날 때 일용할 양식으로 하나님이 공급해 주신 양식이다. 그 만나는 저장해 놓을 수 있는 것이 아니라 하루하루 먹을 만큼만, 필요한 만큼만 거두게 하셨다. 눈앞에 만나가 펼쳐져 있으면 누구라도 욕심을 내어 내일 먹을 것, 다음날 먹을 것까지 미리 준비하지 않았을까. 그것이 당연하다고 생각했을 거다. 그것이 지혜로운 삶이라고 생각했을 거다. 그렇지만 만나를 주실 때 하나님은 한 사람에 한 오멜씩만 거두게 하셨고, 이스라엘 자손이 순종하지 아니하고 혹 남겨둔 것은 다음날 아침엔 냄새가 나고 벌레가 생겨 못 먹게 하셨다. 그렇게 매일매일 주셨던 만나는 40년 동안 계속 공급되었다.

지금 나도 아무도 모르는 하나님이 공급해 주시는 만나를 먹고 있다고 생각한다. 그렇다면 그건 한 달에 딱 필요한 만큼만 주시는 것이다. 앞날을 대비할 수 없고, 한 달 한 달 사는 데 딱 적당한 최소한의 돈이었기에 난 늘 부족하다고 생각했다. 그랬기에 하나님 주시는 것은 보조금이고 내가 일을 해서 돈을 더 벌어야 한다고 생각했다. 그런데 참 이상하게도 직장에서 일을 하게 되어 이제부터는 이만큼의 돈이 여유가 좀 생기겠구나, 이제부터 돈을 좀 모아야겠다고 생각하면 일자리가 사라지거나 그곳을 그만두게 되었다. 난 풍족한 것까지는 아니더라도 좀 여유롭게 사는 것도 안 되나 보다 하는 생각도 들었다. 지금껏 그렇게 단련이 되어서일까. 지금도 걱정거리는 있지만 한편으로는 이렇게 하나님이 계속 내 일평생을 먹이시는구나 생각하면 그리 걱정하고 안달할 것도 없다. 평생 하나님이 주실 테니까. 때에 맞는 공급을 해 주실 거니까. 그러나 하나님 앞에서 공짜는 없는 법이다.

직장에 대한 생각도 좀 달리 하게 되었다. 내가 돈을 벌고 뭔가를 하는 것이 아니라 내 계획과는 완전히 다른 하나님의 또 다른 계획이 있는 건 아닐까 생각이 들었다. 내가 아무리 하려고 해도 안 되고 내 힘으로 잘해 보려는 노력과는 달리 엉뚱한 결과만 나오고 있으니 어쩌면 내가 길을 잘못 들어선 건 아닐까도 싶었다. 아니 지금까지는 그렇게 살았는데 이제부터는 그 길이 아닌지도 모른다. 그럼 뭘까. 내가 준비해야 하는 게 뭘까.

난 아직 돈을 내려놓지 못하고 있음을 안다. 없을 때는 다 드릴 것처럼 하면서 막상 내 손에 돈이 들어오면 더 가지려고 하고 내 것부터, 내 것을 더 많이 챙기고 싶어 한다. 알면서도 아직까지 참 안 되는 부분이다.

아무것도 내 것은 없다는 것, 내게 주신 모든 것은 하나님 것이라는 것을 더 확실하게 알게 하시려는 걸까. 머리로는 아는데, 내 손은 더 꼭 쥐고 있다. 아직도 거쳐야 하는 과정일까. 나는 어떤 마음으로 살아야 할까. 예수님의 마음, 예수님의 삶은 어떻게 살아야 하는 걸까.

빚진 자의
마음으로

아직 신앙생활을 한 지 얼마 안 된 엄마는 가끔 헌금 때문에 교회에 대해 안 좋은 이야기들을 하곤 했다. 교회도 다 장사하는 곳이라는 둥, 그래서 돈 많은 사람이 많이 모여야 부자 교회가 될 거라는 둥, 헌금을 적게 해서 눈치가 보인다는 둥…. 그러면서도 엄마는 초청 잔치 날 친구 분들께 교회에 오라고 전도하고 싶은데 교회에 다니려면 돈이 많이 든다는 이유로 친구들이 안 오려고 한다며 속상해하셨다. 친구 때문이 아니라도 교회를 다니면서 헌금은 늘 시험 당할 수 있는 부분이라 뭔가 쉬우면서도 정확한 메시지를 전하는 것이 필요하다고 생각했다. 헌금에 대해 어떻게 이야기를 하면 엄마가 가장 쉽게 마음에 받아들일까 싶어 지혜를 구하는 기도를 잠깐 했다. 그러자 어릴 때 병원 생각이 났다.

내가 있던 병원은 영국 선교사님이 계셨는데, 약값이나 입원비 등 어떤 병원비도 일절 받지 않으셨다. 선교 활동으로 모든 환자들을 무료로 돌봐 주신 것이다. 그러니 나는 하나님의 은혜를 입은 자가 확실했던 것이다. 엄마는 뒤늦게 교회에 가게 되셨지만 큰 믿음은 없었다. 내 딸의 병을 낫게 해 주신 하나님, 그저 그것 하나로도 엄마에겐 교회를 다니고 하나님을 찾을 이유가 충분했던 것이다. 그 이유 하나만으로도 엄마에게 하나님은 너무도 좋은 분이셨던 것이다.

"엄마, 나 어릴 때 마산 병원에 있을 때, 병원비 낸 적 있어요?"

"…"

"그럼, 그 돈은 어디서, 누가 다 감당해 줬을까?"

"…"

"그 돈이 다 헌금이에요. 영국에 있는 성도들의 헌금이 선교사들에게 전해져서 그렇게 내 병원비가 된 거예요. 우리가 몰라서 그렇지 내가 내는 헌금이 필요한 여러 곳으로 전해져서 가난한 나라의 아이들의 병원, 학교에 쓰여지는 거예요."

엄마에게 하나님은 내 딸을 살려준 정말 하늘같은 분이었다. 그래서 내 딸 살게 해 준 병원비가 바로 성도들이 낸 교회의 헌금이었다는 말이 가슴에 와 닿는 것 같았다. 지금 엄마는 병원비 안들이고 공짜로 치료받고 내 딸이 나았다는 빚진 자의 마음으로 헌금을 하고 있는지도 모르겠다.

어쩔 땐 일부러 나는 내 손과 발이 움직이는 걸 의식해 본다. 두 발로 걸을 수 있다는 거… 내 손을 움직여 무언가를 할 수 있다는 거… 얼마나 기적 같은 일인지 모른다. 얼마나 감사한지 모른다. 절대 그냥 당연한 일이 아니다.

아무리 유능한 의사라도 사람의 생명은 의사의 손에 달린 게 아니다. 생명을 주장하시는 하나님께 있다. 나는 두 손과 두 발로 무엇을 하면 좋을지, 하나님을 위하여 어떻게 하여야 할지 생각하게 된다. 그래서 나는 늘 그렇듯이 오늘도 하나님 은혜로 살아야 하는 자임을 고백할 수밖에 없다. 오늘도 날 살게 하시는 하나님께 감사할 수밖에 없다.

나잇값을
할 때

사람은 아예 가진 것이 아무것도 없을 때 차라리 더 겁나는 게 없고 용감해지는 것 같다. 나에게 뭔가가 있고, 지켜야 할 것이 있을 때 더 발버둥치게 되고, 두려움이 가득해진다. 잃어버릴 것에 대한 두려움… 그 두려움을 나도 알 것 같다.

난 요즘 건강을 잃을 것에 대한 두려움이 가장 크다. 내가 생각지도 못하게 순식간에 내 손가락 하나 움직일 수 없는 상황이 올수도 있다는 걸 알기 때문이다. 사람들은 자신의 팔다리로 움직이는 것을 당연하게 생각하고 그것을 잃을 수도 있다는 생각은 안 하나 보다. 충분히 그럴 수도 있는데… 어느 날 갑자기 내게도 올 수있는 일인데… 내 몸이라도 내 것이 아닌데….

난 지금 중년을 지나고 있다. 어느새 50을 향해 간다. 믿기지 않는 나이다. 그런데도 아직 10대처럼 날 좀 알아 달라고, 봐 달라고, 징징거리는 애처럼 굴고 있는 내가 나이와 어울리지 않다는 생각이 들었다. 자꾸 누군가 내가 기댈 사람을 찾고 있었다. 이제 중년이 되면 내가 가진 것을 나누어야 할 때이고, 내가 다른 사람을 돌보아야 할 때이다. 다른 이가 내게 기댈 수 있도록 내 어깨를 빌려줘야 할 때이다.

그런데 참 하기 싫어한다. 나누기 싫어한다. 보호만 받고 싶어한다. 날 좀 봐 주이소, 하고 어리광만 부리려고 한다. 그러다가 섭섭한 마음에 심통을 부리기도 하고 혼자서 내 마음의 소리와 싸우기도 곧잘 한다.

> **여호와께서 내게 이르시되 너는 아이라 말하지 말고 내가 너를 누구에게 보내든지 너는 가며 내가 네게 무엇을 명령하든지 너는 말할지니라** (예레미야 1:7)

이젠 나도 나잇값을 하고 싶다.
세상 나잇값도 해야 할 때이지만 예수 나잇값도 하고 싶다.
이제는 그래야 할 때이다.

내가 짝을 챙기는
자니이까

처음 새벽기도를 시작할 때 함께 다니던 친구가 있었다. 보통 새벽기도는 기도 짝이 있어야 할 수 있다고 할 만큼 혼자 힘으로 하기는 어렵다고들 한다. 처음엔 친구와 함께 새벽기도를 시작했다가, 별것 아닌 일로 친구와 마음이 틀어진 일이 있었다.

그 친구는 나와 성격이 달라서 많은 이들과 친하게 잘 지냈고, 무엇에든지 적극적이어서 함께 기도를 다니고 있는데도 사람들에게 더 칭찬을 많이 받았다. 그 모습을 보고 내가 샘을 냈던 것 같다. 인간적인 마음으로 '내가 더 잘났는데, 자기가 뭔데? 얄미워…' 이런 생각들로 친구가 거슬렸던 적도 많았다.

그러다 보니 서로 마음이 불편해져서 함께 기도 가는 것을 멈춰버렸다. 그러던 어느 날 혼자 새벽기도를 나간 적이 있었다. 난 혼자서도 새벽기도에 갈 수 있는 자라는 것을 사람들 앞에, 하나님 앞에 칭찬받고 싶은 마음이 더 컸으리라. 그렇게 기도의 자리에 앉았는데…

그때 내 마음에 들리는 소리가 있었다. 하나님이 내게 "네 짝은 어디 있느냐"고 찾으시는 것 같았다. 난 볼멘 소리로 "내가 짝을 챙기는 자니이까?" 하고 마음에 심통을 부린 적이 있었다. 아벨을 미

위하는 가인처럼 친구를 챙기고 섬기는 것이 싫었던 적이 있었다.

기도 자리에 온 나를 어여삐 봐 주시기보다 같이 오지 않은 짝을 찾으시는 하나님을 야속하게 생각한 적이 있었다. 옆에 있는 친구를 사랑하지 못하면서 보이지 않는 하나님을 사랑한다고 기도의 자리에 나간 것은 진짜 사랑이 아니었다. 그저 율법이었다. 율법을 잘 행하는 자였으면서 나는 믿음이 좋은 사람인 듯이 행동했다.

한때는 몇 년간 새벽기도를 빠지지 않고 다녔다. 그것을 내 의지로 이룬 것 같아, 내 부지런함으로 이룬 것 같아 은근히 뿌듯했다. 내게 건강을 주시지 않았으면, 하나님 사랑하는 마음을 내게 주시지 않았으면, 일어날 수 있는 힘을 주시지 않았으면, 내 힘으로는 아무것도 할 수 없었을 텐데. 하나님이 할 수 있도록 기본으로 깔아준 건 하나도 생각 안 하고 나 잘한 것만 기억하고 있었다.

지금 아파서 움직이는 것도 힘든 요즘엔 아무것도 내 힘으로 할 수 있었던 건 없었음을 더욱 알게 된다. 사람은 역시 좀 아파 봐야 겸손해질 줄도 아나 보다.

속 사람이 강건해야
흔들림이 없다

모두들 나만 빼고 모두 재미있게 사는 것 같아서 쓸쓸했다. 어딘가에 나도 가고 싶었다. 어딘가에 나도 속하고 싶었다. 난 누구에게라도 친밀감을 느끼고 싶어 하는데, 아무도 나와 친해지려고 하지 않는 것 같았다.

시원한 냉커피 한잔 마시고 청소하기 시작한다. 생각에 잡혀 버리면 또 꼼짝없이 나는 우울해지거나, 불안해졌다. 선풍기에 먼지가 꼬질꼬질하기에 분리해서 씻었다. 어떤 이는 그런 건 남편에게 부탁하라지만 우리 집 남편은 절대 시키면 안 되는 사람이니 내가 해야지. 락스 물에 쓰레기통도 담가 놓고, 걸레도 빨고, 더러운 것 다 꺼내서 씻는다.

'하나님, 나 심심해요. 아무도 나와 안 놀아 줘요. 가족도 없고, 친구도 없고, 돈도 없어요.'

난 쉬는 걸 제일 못하는 것 같다. 가만히 있는 걸 견디지를 못한다. 지금까지 쉴 새 없이 일을 해 왔던 것도 그래서일까. 아니면 쉴 새 없이 일을 해 왔기 때문에 이런 생각을 하게 된 걸까.

그런데 언제부터인가 아무것도 못하게 멈추게 하셨다. 일 하던 곳에서 갑자기 나가 달라는 말을 들었고, 건강이 나빠져서 무언가를 하기에도 힘에 부쳤다. 무어라도 동동거리며 해야 하는 내가 쉬는 것도 아니고 안 쉬는 것도 아닌 상황이 되니 마음은 더 안달이 났다.

그러다가 요즘은 쉼도 제대로 누릴 수 있어야 한다는 생각이 들었다. 아무리 쉬고 싶어도 쉴 수 없는 때가 있는데 지금까지 잘 달려왔다고, 너무 달려왔다고 내게 주시는 쉼의 시간일거라 생각하니 오히려 마음이 느긋해졌다. 더 게으름을 좀 부려도 괜찮을 것 같았다. 어쩌면 지금은 몸은 쉬어도 영은 충전되고 있는지 모른다. 그것을 위해 기도하라고 나를 이렇게 심심하게 만드시는지도 모른다. 아무도 나와 못 놀게 하시는지도 모른다. 그래서 일도 못하게 하시나 보다. 차라리 기도하면서 보고 싶은 사람 이름도 불러 보고, 미운 사람과 화해도 해 봐야겠다. 하나님과도 더 친해져 봐야겠다.

얼마 전까지만 해도 손에 피부병으로 엉망이었다. 찢어지고, 갈라지고, 피가 나서 손을 움직이기도 힘들고 집안일 하기도 불편했다. 피부과 가서 주사를 맞고, 약을 먹고, 연고를 바르면 일주일 정도는 깨끗해지는 듯하다가, 약이 끊어지면 다시 더 넓게 번져 갔다. 의사 말이 낫지 않는 거란다. 이렇게 임시방편으로 그때마다 치료하는 수밖에 없단다. 꼭 고무장갑을 끼고 집안일을 하라고 당부를 했다. 고무장갑을 끼고, 핸드크림을 듬뿍 발라도 손은 찢어져서 아팠다.

그러다가 한의원에 갔다. 내 체질에 맞춰서 침을 놓아 주면서 내 속부터 다스려야 한다고 했다. 보름쯤 후부터 눈에 띄게 손이 깨끗해지기 시작했다. 지금은 자세히 보아야 알 수 있는 약간의 흔적이 있을 뿐 예전처럼 깨끗해졌다. 귀찮을 때는 고무장갑을 끼지 않고 설거지를 할 때도 있다. 그래도 손은 괜찮다.

내 속 사람이 건강해지니 바깥의 환경은 거뜬히 이길 수 있었다. 별로 영향을 받지 않았다. 트리오가 좀 묻고, 찬물에 그냥 손을 담가 보아도, 세제가 좀 묻어도 민감한 반응은 없었다.

사람 마음도 마찬가지겠지. 내 속 사람이 강건하면 다른 사람이 무슨 말을 해도, 내 환경이 어떠해도 거뜬히 이겨낼 수 있는 힘이 있는 법. 그저 약을 바르는 것이 먼저가 아니라 내 속 사람을 고치는 것, 내 속 사람을 강건케 하는 것, 그것이 먼저다.

다섯

우리는 모두 누군가의
길이 된다

평생 나를 붙들어 준
하나님께 드리는
어린아이 같은 고백

특별한 길

　결혼을 하고 임신을 하고서도 남편이 옆에 없었다. 서울 고시원에서 공부를 하느라 한 달에 한 번 꼴로 집에 다녀갔다. 그러는 중에 난 혼자 육아일기를 쓰기도 했다. 일기에는 뱃속의 아들과 함께 아빠를 응원하면서, 조금만 더 힘내서 견디자는 내용들로 가득했다. 나중에 아들이 점점 자라 가고, 남편과의 결혼 생활이 힘들어지게 되었을 때, 어린 아들에게 미안하기도 하고, 엄마로서 많은 걸 해 주지 못해서 마음이 아프기도 했다.

　그래서 간간히 아들에게 편지를 썼다. 그때는 아이가 어린이집에 다닐 때라 읽을 수 없었지만 나중에 엄마 마음을 알아줄 때쯤 읽어 주길 바라는 마음으로 편지를 썼다. 봉투를 봉하고는 날짜를 적어 두고 순서대로 번호를 매겨 두었다.

　아들이 초등학교 5학년쯤 되었을 때 우연히 아들이 이 편지를 발견하게 되었다. 봉투에 자기 이름이 쓰여 있었으니 무언가 하고 뜯어보았겠지. 아들이 방에서 한참을 안 나와서 들어가 봤더니 내 편지를 뜯어서 읽으면서 울고 있었다. 한창 말 안 듣고 나름 엄마한테 반항이라는 걸 조금씩 하고 있던 아들이라 점점 갈수록 아들을 감당하기 힘들다는 생각을 하는 중이었는데, 그 이후 아들의 행동이 많이 온순해지기 시작했다. 그때는 남편과도 너무 힘든 상황이라 예민해져 있어서 아들과도 점점 더 감정이 틀어지고 있는 시기였다. 지금도 아들 서랍 속에는 나의 편지들이 잘 간직되어 있다. 언제 다시 꺼내 볼는지 몰라도, 그때마다 엄마의 마음이 잘 전해졌으면 좋겠다.

요즘은 중학교 때 국어 선생님이 많이 생각난다. 책 읽고 독후감 쓰는 숙제도 곧잘 내 주셨지만 시를 읽고 외우는 과제도 많이 내 주셨다. 어느 날은 우리들에게 '산유화'라는 시를 주시면서 낭송 숙제를 하게 하셨다. 국어 시간에 내게 시를 낭송해 보라고 하셔서 자신 있게 일어나 외운 시를 읊었다. 하나도 틀리지 않고 잘 외웠다고 생각했다. 잘생긴 선생님께서 날 보고 씨익 웃으시더니 앞으로 나오라고 하셨다. 왜 그러실까 하며 칭찬을 기대하며 나갔는데, 자를 가지고 내 입을 살짝 때리시면서 시를 낭송하라고 했지, 외우라고 했냐고 하셨다. 시는 그렇게 읽는 것이 아니라면서 나중에는 낭송 시험까지 보게 하셨다. 우리들은 감정을 실어서 각자의 시를 낭송 발표하는 서로의 모습을 보고 배꼽 잡고 웃기도 했다.

한 선생님의 수업으로 인하여, 난 또 다른 길을 잠시 경험해 볼 수 있었다. 내가 찾아가는 길도 있지만 앞서 간 분이 우리가 알지 못하는 길을 안내하는 경우도 있었다. 우린 그때 몰랐지만 지나 보니 아주 특별한 길을 걸어 본 것이었다. 요즘도 중학교 때 친구를 만나면 국어 선생님 이야기를 많이 한다. 우리에게 특별한 선생님이셨다. 아무도 안내해 주지 않았었던 특별한 길을 안내해 주셨던 선생님이 분명했다.

아픈 줄을
알아야

여호와여 주의 눈이 진리를 찾지 아니하시나이까 주께서 그들을
치셨을지라도 그들이 아픈 줄을 알지 못하며 그들을 멸하셨을지
라도 그들이 징계를 받지 아니하고 그들의 얼굴을 바위보다 굳게
하여 돌아오기를 싫어하므로 (예레미야 5:3)

요즘 한의원 치료를 받으면서 침을 맞는다. 발가락과 발바닥 근
처와 손가락에 침을 맞는데 발가락은 침을 놓을 때 마다 많이 따
끔거린다. 그래도 잘 참는 편이다. 오히려 이 잠깐의 통증을 느낄
수 있음에 감사했다. 뭔가에 아픔을 느낄 수 있다는 것, 그것 또한
충분히 감사제목이 되기에 '아프다' 대신에 '감사합니다'를 고백한
다. 아픔을 느낄 수 있어서 감사하다고….

아픔을 느낄 수 없다는 건 심각한 것이다. 내 육신의 마비도 심
각하지만 내 영혼의 느낄 수 없는 마비도 심각하다. 침을 놓을 때
마다 "아프나?" 하는 엄마의 음성이 옆에서 들리는 것 같아서 아픔
을 일부러 더 느껴 보려고 했다.

하나님이 치실 때 아픈 줄을 알아야 한다. 징계를 주실 때는 받
고 돌이킬 줄도 알아야 한다. 그것이 내가 살 수 있는 길이다. 더
내 마음을 굳게 하여 하나님께로 돌아가지 않음은 수풀에서 나오

는 사자에게, 사막의 이리에게, 성읍을 엿보는 표범들에게 찢기고 죽임을 당하게 되는 것이다. 하나님 앞에서, 그리고 죄에 대해서 항상 예민해져야 한다. 아파야 할 때 아픔을 모른다는 것은 너무도 심각한 병이다.

어릴 때 나는 병원 주사를 하루에 수도 없이 맞아서 엉덩이가 깨끗한 때가 없었다고 한다. 아이들은 주사를 안 맞으려고 그렇게 울고 도망가는데 나는 어린아이면서도 아무렇지 않게 엉덩이를 내놓고 주사를 참 잘 맞았다고 한다. 아마 내 안에는 살고자 하는 의욕이 많았나 보다. 주사가 아프다는 생각보다 주사 맞고 나아서 살아야 한다는 생각이 나도 모르게 더 컸나 보다.

더위가 좀 물러나서인지, 몸이 좀 살 만해진건지 오늘은 나가서 운동을 하고 왔다. 걸으면서 뛰면서 기도했다.

새로운 오늘을 맞이하게 하셔서 감사합니다. 선물로 주신 오늘 하루 주님 앞에 선물로 다시 돌려 드릴 수 있도록 최선을 다하는 날이 되게 하소서. 내 곁에 있는 자들을 진심을 다해 사랑하게 하시고 끝까지 사랑할 수 있도록 주님의 마음을 제게도 주시옵소서. 어느 것 하나 감사하지 않은 것 없습니다. 주신 어느 것 하나에도 늘 부족하다, 마음에 안 든다, 불평하였던 마음을 용서하시고 감사로 채우는 날이 되게 하소서. 이루지 못하였다 말하는 대신 이루고 싶은 꿈을 이야기하고 바라보는 날이 되게 하소서. 아직 걸을 수 있음에 감사합니다. 내 두 다리에 힘을 쭉쭉 넣어주세요. 백혈병도 고치시고, 암도 고쳐 주시는 분인데, 손가락 발가락 하나 꼼짝 못하고 누워 있던 나도 이렇게 살게 해 주셨던 분인데 다시 새 힘을 주시옵소서. 숨 쉬는 동안 내 옆에 있는 자들을 끔찍이도 사랑할 수 있는 힘도 주시옵소서. 선물로 주신 오늘 하루도 온 맘 다해 사랑할 수 있게 하시고 온 맘 다해 주님을 알아가게 하소서.

한
사람

> *너희는 예루살렘 거리로 빨리 다니며 그 넓은 거리에서 찾아보고*
> *알라 너희가 만일 정의를 행하며 진리를 구하는 자를 한 사람이라*
> *도 찾으면 내가 이 성읍을 용서하리라* (예레미야 5:1)

나는 늘 단 한 명의 내 지지자를 필요로 했다. 무조건 내 편이 되어주고 나를 지지해 주는 단 한 사람. 단 한 사람이라도 진정한 나의 응원자가 있다면 참 행복할 것 같았고 살아갈 힘이 마구 생길 것 같았다.

남편은 우리가 다르다는 걸 인정한다고 말했다. 하지만 그 말 속에 '당신은 틀렸다'라는 생각이 들어 있다는 걸 느낄 수 있었다. 나는 다른 우리가 그럼에도 함께 살아갈 수 있는 방법을 찾고 싶었는데 남편은 당신은 어차피 나와 다르니, 당신은 틀렸으니 당신 알아서 살라는 말을 주로 했다. 내가 잘못 살았기 때문에 지금 이렇게 서로가 다 힘든 거라고 한다. 내가 힘들어 할 때 내게 어떤 몸짓을 해 주지도 않았고, 어떤 표현을 해 주지도 않았고, 함께할 생각은 한 번도 안 해 줬으면서, 내가 그저 당신 말을 네, 네 하면서 따라 주기만을 바랐으면서, 지금에야 내 탓을 하는 남편 말에 어이가 없고 힘이 빠졌다.

그러다가 갑자기 생각이 들었다. 어쩌면 하나님도 똑같은 마음으로 단 한 명의 예배자를 찾고 계심은 아닐지, 내가 무조건 나를 격려해 주고 내 편이 되어 주는 나의 지지자를 찾듯이 하나님도 진정으로 예배하는 단 한 사람의 예배자를 찾고 계실지도 모른다는 생각 말이다.

세상 사람들이 "이는 헛된 말이라 내가 이방신들을 사랑하였은즉 그를 따라가겠노라. 네 하나님을 내게 보이라"고 할 때에도 끝까지 하나님은 살아계시며 나의 주, 나의 하나님이시라고 고백할 수 있는 단 한 사람을 찾으실 거라는 생각이 들었다. 하나님 앞에서의 거짓 맹세가 아니라 여호와의 살아계심을 두고 진실한 맹세를 하는 단 한 사람을 찾고 계신지도 모른다. 어쩌면 지금 더 외로운 하나님이신지도 모른다.

말처럼
된단다

　말이라는 것이 참 웃기다. 가만히 있다가도 누군가 날 보고 아파 보인다, 무슨 일 있느냐 그러면 금방 아픈 사람처럼 몸이 시들해진다. 그러나 어떤 안 좋은 일로 기분이 상해 있더라도 좋아 보인다, 요즘 무슨 좋은 일 있느냐고 그러면 서서히 기분이 좋아짐을 느낀다.

　나는 무슨 일을 할 때마다 "못살겠다, 죽겠다"라는 말을 습관처럼 하곤 했었는데 어느 날 만난 친구가 "아휴, 내가 살겠다"라는 말을 뱉어 내고 있었다. 처음엔 친구의 그 말이 웃겼다. 그러나 우리 인생은 내가 뱉어 내는 말처럼 되고 있다는 것을 요즘 많이 보게 된다.

엄마! 난 엄마를 많이 좋아하고 사랑하는데 엄마는 왜 그것을 모르지? 언제나 엄마만 생각하는데 엄만 왜 나의 맘을 몰라? 난 엄마의 말을 잘 듣고 싶은데, 엄마가 조금 거칠게 말해서 엄마의 말을 듣고 싶어도 그런 마음이 싹 사라져. 엄마가 힘들더라도 곱게 말해 줘. 다른 사람의 집에 가 보면 아줌마의 말이 마치 노래하는 것 같아서 듣고 싶은 마음이 생겨. 엄마는 힘들지 모르지만 조금만 노력해 줘. 나도 노력할게. 그러면 내가 엄마의 말을 잘 들을 것 같아. 꼭 노력해 줘!

아들이 초등학교 2학년쯤에 내게 준 쪽지 글이다. 내 말투가 많이 거칠고 날카로웠나 보다. 말을 예쁘게 해달라는 아들의 요청 사항이었다. 요즘 저자강연클럽 브리지에서 잠깐 동안의 강연을 하고 있는 나를 녹화한 영상을 본다. 그 안의 어색한 내 목소리와 몸짓을 보게 된다. 내 말투… 왠지 모가 나 있고 날카롭다. 부드럽지 못하다. 다그치는 듯하고, 가르치려는 듯하고, 내 것만 주장하려는 듯이 들린다. 목소리에 힘이 너무 들어가 있다. 앞으로 자꾸 연습하면서 말투를 고치고 말을 고치면 삶도 바뀌겠지?

오늘부터 기분 좋은 주문을 걸기로 한다.
'너 얼굴이 반쪽이네.'
아마 보름달 같은 내 얼굴이 곧 반쪽이 될 거다.

내가
글 쓰는 방법

내가 글쓰기에 좀 더 집중하면서 점점 더 알아가는 것이 있다. 책을 읽고 밑줄을 긋고 서평을 쓰고 다른 이들을 응원해 주는 이 모든 것들은 이미 말씀 묵상 훈련 안에 다 있었다는 것이다.

교회 양육훈련을 받기 시작하면서 아침마다 말씀 묵상을 하고 하나님의 말씀을 보고 읽고 깨달아 적용시키는 법을 배웠다. 그렇게 말씀을 적용시킨 나의 삶을 나누었고, 한 달에 한 권 책을 읽고 독후감을 써서 독서 나눔을 했다. 내가 만난 하나님에 대해 간증하는 자리에 서기도 했다. 이 과정을 통해 난 이미 강연자가 되어 있었다.

소리 내어 말씀을 읽음으로 통독의 좋은 영향력도 알아 갔다. 삶의 나눔을 통하여 서로를 위한 감사기도와 중보기도를 하는 것이 다른 이들을 축복하고 사랑하며 나를 성장시켜 가는 자리였다는 것을 알게 되었다.

내가 하고 싶고, 배우고 싶었던 모든 것은 이미 성경의 가르침 속에 다 있었음을 알게 되니 말씀을 더욱 사모하게 된다. 하나님을 더욱 사모하게 된다. 말씀을 많이 먹어야겠다. 체력을 위해 보약을 먹듯이 내 영을 위해 말씀 보약을 많이 먹어야 할 때인 것 같다.

나는 글을 쓸 때도 한 번에 한 꼭지를 다 완성하기보다는 생각 날 때마다 드문드문 적어두고 완성해 간다. 어떤 주제에 대해 내 생각이 향해 있을 때 어느 순간 불쑥 튀어나올 때가 많다. 아직 뭐 대단한 글이 나오는 건 아니지만 대체적으로 내 글 쓰는 성향이 그렇다.

　그리고 난 글쓰기 전에 노트북, 핸드폰, 노트, 펜을 옆에 같이 두고 글을 쓴다. 뭔가 쓰고 싶은 글이 있는데 바로 나오지 않을 때 노트북에도 두드려 보고 핸드폰에도 글자를 입력해 보고 노트에 펜으로도 긁적거려 본다. 그러면 어느 순간 글이 써질 때가 있다.

　노트에 펜으로 꾹꾹 눌러써야 글이 나올 때가 있고 핸드폰 나와의 채팅 창에 대화하듯이 입력할 때 더 잘 나올 때가 있고 노트북에 일기 쓰듯이 할 때 더 잘 나올 때가 있다. 그래서 하고 싶은 말이 뱅글뱅글 가슴에서 맴돌고 튀어나오지 않을 때 난 여기저기 다 긁적거려 본다. 그러면 신기하게 어느 쪽에선가 글이 써지기 시작한다.

　그래도 안 써질 땐 찬양을 틀어 놓고 부른다. 나는 하나님과의 관계 안에 있을 때 글을 쓸 수 있는 영감이 잘 떠오른다는 것도 깨닫게 되었다. 하나님과의 밋밋한 관계 가운데 있을 땐 아무리 억지로 쓰려고 해도 글이 안 나온다. 완악하게 바짝 말라 버린 마른 땅 같은 내 심령에서는 아무것도 나오지 않는다는 걸 알았다. 그래서 늘 성령의 단비를 맞아야 했다. 이것이 내가 글 쓰는 방법이다.

　요즘은 말보다 글로 더 많은 소식을 전하는 경우가 많다. 예전 엔 전화를 해서 목소리를 들으면서 말로 하던 것들을 지금은 주로 메신저나 메일을 통해 글로 보내는 경우가 더 많은 것이다. 글을 써 보낼 때는 참 친근한 것 같은데 막상 만나면 무슨 말을 해야 할지 모르는 경우도 있었다. 평범한 일상도 글로 쓰는 순간 특별한 삶이 된다. 무언가를 기록해서 남겨 둔다는 건 누군가에게 큰 감동이 될 수도 있고, 내게 길을 찾아가는 좋은 안내서가 될 때도 있다. 글을 쓸 때는 예전에 적어 뒀던 일기와 긁적거렸던 낙서, 메모가 많이 도움이 되었다.

일기를 차곡차곡 써 두면 책이 될 수도 있지만 처음부터 책을 쓰려고 글을 쓰면 아무것도 남길 수가 없다는 것도 알았다. 작품을 만들기 위해 일기를 쓰면 한 줄도 제대로 안 써 졌다. 그러나 일기를 쓰기 시작하면 작품이 된다는 것을 알았다. 매일 일기를 꾸준히 열심히 써야겠다. 책 쓰기를 위한 글은 어렵다. 그러나 일기로 쓰는 글은 편하고 쉽다. 그래야 나중에 그것이 책도 될 수 있고, 작품도 될 수 있다.

내 이야기를 전하려는 게 아니라, 좋은 이야기나 훌륭한 이야기를 쓰고 싶어 할 때는 단 한 줄도 제대로 나오지 않았다. 있는 그대로의 나의 모습, 나의 이야기를 써야 했다. 매일 일기를 쓴다는 건 매일 조금씩 제자리 뛰기라도 하는 것이다.

난 내 글 속에서 하나님을 보이고 싶다. 그래서 내 글을 읽는 사람이 아주 쉽고, 평범하게 쓰인 내 글 속에서 하나님을 쉽게 만났으면 좋겠고, 가까운 하나님을 볼 수 있으면 좋겠다. 큰 간증으로 요동치는 마음이 아니라 하나님의 살아계심을 잔잔한 파도가 이는 마음으로 만났으면 좋겠다.

그런 글을 쓰고 싶다. 하나님이 주시는 삶의 영감을 많이 받고 싶다. 내가 충분히 느끼고, 누리고, 가득해야 나도 그걸 적어 낼 수 있는 거니까. 말씀으로 가득해야 내 마음이 좋은 마음 밭이 될 거고, 또 좋은 것을 꺼내 놓을 수가 있을 것이다. 마음 가득한 것을 입으로 낸다고 하셨으니 내 마음 안에 좋은 것으로 가득해서 내 입에서 나오는 것들이 다 좋은 것들이면 좋겠다.

글도 마찬가지다. 누군가 말해 줬다. 작가들은 문장을 보지만 독자는 작가의 삶을 본다고… 독자들이 내 삶을 볼 때 그 속에서 하나님이 보였으면 좋겠다.

내 안에 가시가 너무 많아 내 안에서 나오는 말 속에도, 생각 속에도 가시가 너무 박혀 있었다. 그래서 나와 가까이 있는 자들이 그 가시에 찔린다. 있을 때 잘해야 하는데 내 곁에 있는 이들을 더 아프게 할 때가 많았다.

병들게 하는 독을 품은 글이 아니라 아프게 하는 가시가 돋은 말이 아니라 새 살 돋게 하는 연고처럼 상처 난 마음에 새 마음 돋게 하는 말을 하고, 글을 써야 할 텐데….

내가 쓰는
한 줄의 글

처음 글쓰기 공부를 하러 갔을 때부터 우린 모두를 작가라고 불렀다. '이지연 작가님', 처음엔 참 어색하고 황송한 이름이었다. 내게 과연 그 이름을 붙여도 되는지 부끄럽고 남의 옷을 걸쳐 입은 듯 편치 않았다. 지금은 작가님들과 만나면 자연스럽게 입에서 나온다. 서로를 '작가'라고 불러준다. 먼저 그렇게 불러 줄 때 우리는 모두 그 이름처럼 되어 가는 것 같다.

글을 쓰기 시작하면서 난 주위의 모든 것들에 감사하는 마음이 커진 것 같다. 많은 이들을 만나게 되면서 서로 다른 인생을 보게 되었고, 많은 상처를 듣게 되었고, 또 그들만의 큰 용기도 보게 되었다. 나만 힘들고, 나만 아프고, 내가 제일 힘들고, 내가 제일 불쌍한 인생이었다는 생각에 우울함과 피해의식도 컸는데, 그들 앞에서 난 어쩌면 엄살을 부렸던 건 아닌가 싶었다. 요즘 내 마음이 더 단단해진 것 같다. 돌처럼 굳은 딱딱함이 아니라 사랑과 감사로 가득 채워지고 있는 강인함을 내가 느끼고 있다.

첫 책은 나 아프다, 힘들다는 생각 속에서 나온 책이라 모자란 것, 부끄러운 것투성이었다. 숨기고 싶었고 괜히 더 부끄러워졌다. 그러나 그것이 내 인생이었기에 부끄러워해서도 비난받아서도 안 된다고 스스로에게 말하면서 위로를 했다.

앞으로 더 좋은 글이 나오지 않을까 기대한다. 좀 더 회복되어서 편안한 마음으로 글을 쓰게 될 테니까. 쓰면 책이 된다고 했다. 그러나 글을 쓴다는 건 그저 아무렇게나 아무것이나 쓰는 것이 아니었다. 한 사람의 인생을 쓰는 것이었고, 아픔을 녹여 내는 것이었고, 힘을 다해 용기를 내어 보는 것이었다.

마음을 알아주는 것은 또 다른 마음이어야 했다. 글은 남을 돕는다는 마음으로 써야 한다고 배웠다. 요즘은 내가 누군가를 도울 수 있는 게 뭐가 있을까 자꾸 고민하게 된다.

늘 서로를 열렬히 응원해 주는 우리 작가님들과의 인연에 감사하고 매일 찾아와 주고 기다려주는 블로그 이웃님들과의 인연도 너무 감사하다. 얼굴 마주하지는 않아도 어느새 정이 들고 궁금해진 관계가 되어 있음에 이것 또한 감사하다. 어느 이웃은 자신은 '금사빠'라서 많이 아팠다고 하셨다. 나도 금사빠다. 금방 사랑에 빠지는 사람.

그래서 나도 아픈 때가 많았다. 블로그 이웃에게도 정을 금방 줘 버리는 성격이라 혼자 끙끙거릴 때도 많았다. 좋은 이웃이 어느 날 블로그에 권태를 느껴 발길이 뜸할 때도 아팠고 여러 사정으로 이제 그만두고 간다고 인사할 때도 아팠고 그냥 알 수 없는 이유로 놓쳐 버린 이웃 때문에도 아팠고 나를 그냥 밀쳐내는 이웃이 있을 때도 아팠다.

우린 한 줄의 댓글로써 서로의 마음을 표현할 수밖에 없지만 그 한 줄 속에 나를 향해 보내는 사랑을 충분히 느낄 수가 있다.

내가
걸었던 길

1.

요즘은 아침마다 온천장에 목욕을 하러 다닌다. 오십견이 오고 있는 어깨의 아픈 것도 풀고 전체적인 몸의 피로를 푸는 데는 목욕이 좋다고 해서 목욕권을 한 달 치 끊었다. 걸어서 20분 거리의 목욕탕을 내가 매일 갈 수 있을까, 돈만 버리는 게 아닐까 처음엔 고민이 되었다. 나는 물에서 노는 걸 좋아하지도 않고 목욕을 가도 한 시간을 겨우 채우고 나오기 때문에 부지런히 다닐 수 있을지 생각이 많았다.

그래도 일단 시작을 했다. 한동안은 다른 것보다 내 몸을 챙기는 일에 시간과 노력을 먼저 쏟기로 마음을 정했기 때문이다. 작은 등산용 배낭에 목욕용품을 챙겨 메고는 온천장까지 아침 운동한다는 마음으로 부지런히 걸어간다. 내 등에 메달린 배낭의 무게가 느껴진다. 문득 옛날에 이것보다 훨씬 더 크고 무거운 배낭에 두꺼운 법학 책들과 사전들을 가득 넣어서 서울로 가던 남편 생각이 났다. 달팽이처럼 등에 집을 지고 다니는 것 같은 남편을 보면서 애틋한 마음이 들 때가 있었는데 우리가 그동안 여러 일들을 거치면서 지금까지 살아 왔구나. 걸어가면서 갑자기 남편이 보고 싶었다.

오늘 아침은 바람이 많이 불었다. 태풍이 오고 내일부터 며칠 동안 비가 많이 온다는데 그래서인지 갑자기 가을이 이만큼이나 와 버렸다. 걸어가는 길에 기분은 너무 좋다. 가을을 느끼고, 가을과 함께 가는 길인 것 같아 콧노래가 난다.

온천장 거리가 많이 변했다. 내가 딱 서른이 되었을 때, 난 이곳에서 일했다. 그 당시에 난 아주 우울한 서른을 이곳에서 맞이하고 보내고 있었다. 이 길을 오갈 때 내 마음은 너무 어두웠고, 힘겨웠고, 슬펐다. 지금 생각해 보면 인생의 가장 찬란해야 할 때에 난 너무도 어둡고 우울한 길을 걷고 있었다.

그때 이곳 온천장 번화가에서 녹즙 가게에서 일했다. 녹천 녹즙, 천일 녹즙, 그리고 그린 녹즙… 그 가운데 내가 일하던 곳은 그린 녹즙이다. 가게도 우리가 제일 작고 시설도 제일 볼품없었다. 손님들이 와서 제대로 앉아 있을 곳도 없어서 문 밖에 줄을 서서 기다려야 했지만 우리 집에 손님이 제일 많았다. 돈 통으로 쓰던 소쿠리에 거스름돈 8,000원을 항상 준비해 두면 2,000원 하는 음료를 드신 손님들은 양심껏 녹즙 값을 소쿠리에 넣고, 거스름돈을 스스로 바꿔 가곤 했다.

금요일이 되면 주위의 나이트 클럽이나 주점 등에서 일하는 사람들은 특히 바쁜 날이기 때문에 미리 목욕을 다녀와 피로를 풀고 몸에 좋은 녹즙 한잔으로 건강을 챙기고 영업할 준비를 한다. 저녁 5시쯤 되면 근처 나이트 클럽에서 일하는 주임들이 많이 왔다. 나와 친했던 주임 아저씨들이 있었는데 이름은 조용필, 박철 등이었다. 그런데 희한한 건 그들이 모두 이름의 주인공들과 외모가 닮아 있었다는 거다.

내가 퇴근하기 전에 나를 보려고 일부러 꼬박꼬박 와 주던 사람이 있었다. 형님이 내 시누이인 줄도 모르고 형님한테 나와 데이트 한 번 하면 안 되냐고 조르곤 했다. 나한테 맛있는 걸 사 주고 싶다면서 말이다. 그곳에서 만났던 이들, 그 길을 걸어오던 많은 손님들, 그 사람들의 얼굴이 하나씩 떠오른다.

그곳은 나의 또 다른 세상이었다. 각자의 다른 세상을 살고 있는 사람들이 한 평도 안 되는 그곳에 들어와서 각자의 세상 이야기들을 해 주고 갔다. 평범한 주부도 있었고, 가게의 여사장님도 있었고, 기업의 회장님도 계셨고, 은퇴하신 어르신들도 있었고, 술집에서 일하는 언니, 오빠들도 많았다. 나는 그들이 사는 세상이 신기했다. 그들이 볼 땐 아무것도 모르는 순진한 내가 이상한 사람으로 보였을 것이다.

따뜻한 목욕물에 몸을 담그니 기분이 좋아진다. 뜨거운 물에 오래 있지 못해서 찬물 뜨거운 물을 왔다 갔다 하면서 물에서 놀기를 해 본다. 목욕을 좋아하시는 큰형님처럼 나도 간혹 일을 마치고 근처의 목욕탕에 들르거나, 출근하기 전에 일찍 갔다가 오기도 했다. 그때 나는 탕에 들어가 따뜻한 물에 몸을 맡길 때마다 눈을 감고는 이대로 죽어 버렸으면, 고통 없이 그냥 사라져 버렸으면 하는 생각으로 가득해 있었다.

온천장 길목에 들어서서 예전의 내 흔적을 찾아보면서 그때의 내가 만났던 사람들이 혹시 있나 둘러보기도 했다. 온천장 길은 그때와 많이 변해 있었고, 나도 많이 변해 있었다. 오늘 그 길에 서 있는 나는, 예전에 그 길을 걷던 서른 살의 내가 생각나면서 마음이 아파 왔다. 그때 내 인생엔 뜨거운 햇살이 내리쬐고 있었지만,

난 그 햇살을 피해 다니고 있었던 것 같다.

2.
내가 삼십대에 자주 걷던 또 하나의 길이 있다.

덕천 지하철역, 내가 한때 꿈을 안고 매일 출근하며 내리던 곳이다. 좋은 이들을 많이 만나고 그들과 함께했던 길이었다. 어두워져서 퇴근하고 돌아가야 하는 그 시간이 아쉬워서 아이들이 다 떠난 후에도 난 혼자서 한참을 머뭇거리다가 오기도 했다.

며칠 전 친구를 만나러 가는 길에 거쳤던 덕천 지하철역에서 떠오르는 얼굴들이 많았다. 혹시라도 나와 마주치는 누군가 있다면 날 알아볼까? 반겨줄까? 많은 시간이 흘렀어도 난 아직도 설레고 반갑고 좋을 것 같다.

처음 3호선 지하철이 개통되고 시범 운행을 할 때 이런 건 한 번 타 봐야 한다며 같이 지하철을 탔던 친구가 생각난다. 요즘도 지하철을 자주 이용하기는 하지만 덕천역으로 가는 경우는 거의 없었기에 오랜만에 덕천역으로 가는 지하철을 타니 그곳에서 만났던 내 추억들이 생각났다.

이 길은 내 삼십대에 가장 열심히 많이 다녔던 길이었다. 가장 살맛 나게 다녔던 길이다. 온천장 길은 외로움과 쓸쓸함으로 혼자 힘겹게 걸었던 길, 그래서 늘 죽고 싶다는 생각을 뿌리고 다닌 길이라면 덕천동을 다니던 길에는 항상 내 옆에 새로운 나의 아이들이 있었고, 나를 바라봐 주고 좋아해 주던 이들이 있었다. 그래서 사는 것이 아름다웠던 길, 나를 가장 행복하게 해 준 길이었다.

덕천역에서 난 또 다시 누군가를 만날 수 있을까? 사랑했던 나의 아이들 중 누구라도 다시 볼 수 있을까? 나를 기쁘게 해 줬던 그 사람들을 다시 반갑게 맞이할 수 있을까? 누구라도 만나고 싶다는 설레는 기대로 지하철을 탔다.

이렇게 어떤 길은 그리움을 한껏 품고 있는 길이다. 그 길을 걸을 때는 뭔가 기분 좋은 일이 많이 생길 것 같은 괜한 기대도 해 본다. 평범한 길인데도 내가 어떤 마음으로 걸었느냐에 따라 나중에 나에겐 특별한 길로 남는다.

그리고 이제 알게 된 건 어떤 길이든지 그 길에는 사람이 있었다는 거다. 어쩌다 생각나는 사람이 또 어쩌다 보니 생각이 났다. 아직도 가끔 생각나는 친구가 있다. 얼마 전까지는 늘 생각났는데, 자주 생각나다가, 가끔 생각나는 사람으로 바뀌었다. 아니 가끔만 생각하려고 애쓰는 중이다. 얼마큼의 시간이 지나면 애쓰지 않아도 진짜로 가끔 생각이 나게 될 거고, 어쩌다 생각나는 사람이 되겠지. 어쩌면 난 그 친구에게 벌써 그런 존재가 되어 버렸는지도 모른다. 솔직히 난 우리가 서로에게 그런 존재로 무디어져 가는 게 싫다. 잊혀 가는 건 싫다. 억지로 생각해야 기억나는 사이가 되는 건 슬프다. 싸우더라도 늘 생각나면 좋겠고, 아무 때나 불쑥불쑥 생각나면 좋겠다. 언제 어디서 아무렇게나 마주쳐도 아무렇지 않았으면 좋겠다.

사람한테 정을 잘 주는 것도 때로는 내게 아픔이 된다. 그래서 요즘은 더 조심한다. 사람이 그리운 요즘 나도 모르게 아프게 될까 봐 아프지 않으려고 내가 내 마음을 숨기고 지키려고 한다. 그런데 오늘 아침에 갑자기 날 아프게 했던 그 친구 생각이 났다.

한 사람의 힘이 참 크고 특별하다는 것을 요즘 많이 생각하게 된다. 전혀 그럴 것 같지 않은 사람이 한 사람 때문에 예전 같지 않은 모습을 보이고 예전과 달리 기뻐하고 있음이 보인다. 행복해하는 것이 보인다. 그런데 낯설다. 전혀 그럴 것 같지 않던 사람이었으니까.

사람을 아프게 하고 상하게 하는 것도 사람이고 사람을 변화시키는 것 역시 사람이다. 어쩌다 보니 인연이 되고, 어쩌다 보니 또 멀어지고, 또 어쩌다 보니 잊히기도 한다. 앞으로 많은 사람을 나도 만나게 될 것이고, 또 의도치 않게 멀어지기도 할 것이며, 또 슬프게도 잊히기도 하겠지. 한 사람 때문에 세상을 다 가진 듯 행복이 가득해지기도 하고 한 사람이 없어서 외로움으로 가득할 때도 있을 것이다.

사람 관계도 적당하게 지켜야 할 거리가 있는 법. 내가 곧잘 하는 실수는 그 거리 조절과 속도 조절을 잘 못 하는 것이다. 어디에도 내 맘 같은 사람은 없는 건데, 너무 내 맘을 보이는 것도, 너무 남의 마음을 들여다보려는 것도 조심해야 할 것이다. 친구니까 무조건 다 보여도 된다고, 내가 다 알아야 한다고 바싹 붙어 앉던 내 자리를 좀 떼 놓아야 함을 이젠 안다.

난 사람을 오래 미워하지는 못하나 보다. 한순간 섭섭하다가도 대체적으로 금방 잊어버린다. 어쩔 땐 이런 나를 너무 우습게 보나 싶어 저 사람이 나한테 어떻게 했더라 생각해 보고는 억지로 미워하려고 할 때도 있다. 그렇지만 미워하는 마음을 품고 있으면 내가 손해다. 내가 더 아프다. 내가 좀 손해 보더라도 난 좋은 관계로 남고 싶다.

내가 어리석은지도 모르겠다. 금방 던진 돌에 맞고도 뒤돌아서서는, 그럴 이유가 있겠지 하며 한 번 더 믿어 주고 싶어 한다. 미워하는 것보다 한 번 더 믿어 주는 것이 내겐 더 쉽다. 다행히도 한 번 더 믿어 주고 싶은 이들이 주위에 몇 있다. 이들이 있어서 난 오히려 감사하다.

내 앞에 어떤 일이 다가온다 해도 지금보다 더 의연하게 맞이하리라. 내 마음은 강하고 담대하리라. 누군가 때문에 주저앉아 울고 있지 않으리라. 어떤 경우도 마음을 매어 잡고 이 길에서 벌떡 일어나리라.

마음에도
길이 있다

다른 사람들은 그러려니 하라고 하는데도 난 그게 어려웠다. '그러려니'가 안 되었다. 남들은 쉬운데 나한텐 어려운 일이었다. 하지만 결국 '그러려니' 하고 받아들여야 함을 안다. 난 어른이 되기 싫다고 뻗대고 억지 부리고, 고집 부리다가 이제 제 풀에 꺾여 혼자 슬그머니 어른인 척 들어오는 아이 같았다. 난 나 좀 봐 달라고 혼자 토라져 있다가 이제야 내 모습이 얼마나 유치한지 깨닫게 된 웃긴 아줌마인지도 몰랐다.

아마 이것도 내가 글을 쓰면서 보게 된 내 모습일 거다. 누군가가 그랬다. 자기는 너무나 부족함이 많고 어리석은 사람이라서 자기를 자각하기 위해서 열심히 글을 쓰는 거라고. 나 역시도 마찬가지였다. 나에 대해 남이 말해 줘도 내가 깨닫지 못하면 아무 소용이 없는 법이다. 글을 쓰면서 나는 내 곁의 많은 사람들을 다시 보게 되었고 내면의 나도 다시 볼 수 있었다. 그러다 보니 매일 잘 울었다.

얼마 전까지는 아파서 많이 울었다. 내 모습이 왜 이런가. 난 왜 이렇게 살고 있는가 싶어서. 요즘은 감사해서 자꾸 눈물이 난다. 나를 생각해 주고, 힘을 주고, 응원해 주는 이들이 곁에 있어서. 아무도 없다고 생각했다. 모두들 가 버린다고 생각했다. 지금은 떠나간 많은 것들이 내게로 다시 돌아와 주고 있다. 내 몸에서 잃어버렸던 것들도 내 기억 속에서 잃어버렸던 것들도 다시 하나씩 제자리를 찾고 있는 듯 내 몸에 다시 피가 다시 뜨거워지고 내 몸이 다시 반응하며 깨어나고 살아나고 있는 중이다.

학교 다닐 때 친구들은 날 보고 너무 천사표가 되려고 하지 말라고 했다. 난 몰랐는데 그들이 볼 땐 그랬나 보다. 누가 그런다. 덜 착해지고, 더 이기적인 사람이 되어 보라고. 때로는 그것도 필요하다고, 꼭 착하게 살 필요는 없다고 한다.

사람도 충분히 누군가의 길이 될 수 있음을 알았다. 지난날의 내 모습은 항상 우울했다. 작고 힘이 없었고, 열심히 살려고 애는 쓰는데 늘 자신감이 없이 무언가에 주눅 들어 있었고 침울해 있었다. 웃는 것이 어색하고, 웃고 있어도 웃는 게 아닌, 언제라도 울음을 터뜨릴 것 같은 연약한 모습이었다. 날 그렇게 만든 건 무엇이었을까. 내가 너무 다른 사람의 눈치를 보고 살고 있는 건가, 너무 다른 사람의 마음만을 조심하느라 내 마음은 아무렇게나 짓밟혀 던져져 있던 건 아닌가.

그러나 큰 숨 한 번 쉬고 이제 털어 버린다. 어쩌면 내 마음의 불안함이나 두려움은 내가 만들고 있는 것인지도 몰랐다. 작은 것을 내가 후후 불어서 더 크게 만들고 있는지도 모르니까, 그냥 지나치려고 한다. 자꾸만 날 불러 세우는 내 안의 목소리들이 있지만 때로는 보고도 못 본 척, 들려도 못 들은 척 지나가는 것이 나에게 더 좋을 때도 있는 법이다.

아침 출근 준비하는 아들의 표정이 좋지 않았다. 어제부터 불편해 보였는데 아침에도 그 모습으로, 그 표정으로 집을 나섰다. 밝지 않은 표정으로 하루를 시작하면 오늘 하루 종일 마음이 우울하고 어두울 테고, 직장을 가서도 저런 표정으로 하루 길을 갈 텐데 싶어서 마음이 안타까웠다. 직장에서 함께 일하는 자들이 그 표정을 볼 것이고, 그 기분을 전하게 될 텐데 마음 같아서는 지금이라도 돌이켜서 다른 마음 길로 걸어가 줬으면 싶었다.

길을 걷다가 어느 길 위에서 생각나는 사람이 있고, 가지고 있는 물건을 보다가 떠오르는 얼굴도 있고, 어떤 말을 하다가 내 말 속에서 보이는 사람도 있다. 어제 뭘 했는지, 누굴 만났는지는 기억나지 않으면서 어느 길을 걷다가 평소에는 생각지도 못한 것들이 갑자기 너무 많이 생각날 때가 있다. 가끔은 아주 오래 전 일인데도 어떤 것들이, 어떤 사람에 관한 것들이, 이제 그만 잊혔으면 싶은 일들이 또렷이 기억날 때도 있다. 어떤 상황에서, 어떤 모습으로, 어떤 말을 했었는지 내 귀에 똑똑히 들려 올 때가 있다.

마음이 떠나면 할 말도, 하고 싶은 말도 없어지는가 보다. 무엇이든 하고 싶은 것도 마음에서 먼저 시작되는 것이고, 하기 싫은 것도 마음이 먼저 안다. 마음에 가득한 것을 입으로 말하게 되어 있는 것이다. 누군가로 가득 채워져 있으면 그 사람을 향해 하고픈 말도 자꾸 생기는 법이고, 말도 자꾸 걸고 싶은 거다.

늘 다니는 길이었다. 한때는 누군가의 생각으로 히죽거리며 걷던 길이었다. 난 그때 뭐가 그리 좋았을까? 지금은 그 길 위에 아무도 안 보이고, 히죽거리며 흘리던 내 웃음도 안 보이는데 원래의 무표정한 나만 그 길에 우두커니 서 있음을 보게 된다. 그래도 그 길에 들어 설 때마다 자꾸 기억나는 걸 보면 아무리 버리고 싶어도 버려지지 않는, 잊고 싶어도 잊히지 않는 마음의 길이 있나 보다.

이제는 누군가 때문에 주저앉아 울고 있지는 않을 것이다. 왜 나하고만 안 놀아 주느냐고 떼쓰지 않을 것이다. 어떤 경우라도 내 마음을 쓰다듬고 끌어안고 벌떡 일어날 것이다. 내가 생각하는 그 것이 곧 내 삶이 되는 것이기에 난 매일매일 유쾌할 것이고, 아낌없 이 사랑한다고 내 마음에게 말을 해 줄 것이다.

꽃

가을비가 오네
비 오니까 안 나가야지 했는데
비 오니까 나가 봐야겠다
가을비 속을 우산을 쓰고 걸어 보고 싶다
내가 누군가를 좋아해 봤을 때
자꾸 먹이고 싶고 자꾸 말 걸고 싶더라
대꾸 없으면 앙살을 부려서라도
자꾸 다가가 말 붙이고 싶더라
누군가에게… 내 마음이 그렇더라

빗소리가 점점 커진다
난 누군가에게 어떤 사람으로 기억될까
아름답고 좋은 사람, 이쁜 사람으로 기억되고 싶지만
모든 사람들에게 그럴 수는 없겠지
누군가에게는 내 안의 구정물까지 다 드러내 놓아서
냄새난다 하는 사람도 있을 테니까
내가 쏟아냈던 구정물이 튄 사람들
오늘 저 비 속에 다 씻어 줬으면 좋겠다
지금 내 마음이 그렇다…

비 오는 수요일이라
빨간 장미 한 송이를 샀다
비는 그쳤고 바람이 많이 부는
빨간 수요일이다

너처럼 내 마음도 빨갛고 싶구나
너처럼 나도 예쁘고 싶구나

꽃도
누군가에겐 꽃이 되고
누군가에겐 쓰레기가 된다

너도
너를 꽃으로 봐 주는 이에게로
가라

나도
나를 꽃으로 봐 주는 이에게로
가고 싶다

오늘은 내가 너를
꽃으로 보고 있을게

그럼
참 좋겠다

언젠가 아들의 마음이 궁금해서 물었다.
"넌 네 마음의 얼마큼 엄마한테 보여준다고 생각하니?
1부터 10까지 있다면 어느 정도 되니?"
"음~ 8 정도 돼요."
"그럼 2는 엄마한테 안 보여 주는 거네."
"엄마는 왜 보여 주는 8은 안 보고 안 보여 주는 2만 생각하세요?"
　난 아들의 마지막 대답을 듣고 금방 미안함을 인정했고 보여 주는 8의 마음에 고맙다고 했다.

　내가 참 좋아하는 친구가 있었다. 누구나 그런 사람이 있듯이 그냥 좋았다. 난 그 친구에게 항상 고마웠고 또 미안했다. 친구는 그럴 때마다 한 것도 없는데 뭐가 고맙냐고 했지만 그냥 내 친구로 옆에 있어 주는 것이 고마웠다. 고맙고 좋은 만큼 오히려 더 친구를 못살게 군 것 같아 또 항상 미안했다. 내가 아무렇게나 투정하고 또 미안한 듯 슬그머니 찾아가도 날 내치지 않고 아무렇지 않게 받아 주고 인사해 주는 친구의 넓고 깊은 마음이 항상 고마웠다. 그리고 그때마다 나의 속 좁은 모습에 쥐구멍에라도 들어가고 싶었다. 그런데 어쩌면 난 친구에게도 아들 말대로 보여 주는 8보다 안 보여 주는 2에 더 마음을 두고 있었는지도 모른다. 친구가 내게 보내 주는 그 마음보다 안 보여 주는 다른 마음까지 내가 붙들고 싶은 욕심 때문에 친구에게 마구 더 투정을 했던 것 같다.

　나이가 들어가면서는 새로 얻는 것, 찾는 것보다는 잃어버리고, 버리게 되는 게 더 많은지도 모른다. 난 지키고 싶은 것, 지킬 수 있는 것들을 최선을 다해 지키고 싶어졌다. 지나보니 내 곁에 있는 이들이 얼마나 소중한지 알게 됐기 때문이다. 이젠 내가 다 가지려는 힘을 좀 빼고, 내가 원하는 만큼 가지고 싶다는 욕심을 좀 내려놓고, 있는 그대로 받아들이는 넓은 마음도 가져야 할 것 같다. 비록 내게 8이 아니라 2를 보여 주는 거라 해도 그것조차도 보여준 것에 고맙다. 처음 시작하는 인연이라 생각하면 된다. 그러면 욕심이 아니라 고마운 마음이 된다. 있는 그대로 받아들이는 것, 그것이 바로 잃어버리지 않고, 버리지 않고, 함께 오래 가는 것이며, 지키고 싶은 것을 지킬 수 있는 바른 방법일 거라는 생각이 든다.

　사람은 누구나 그 마음에 주인의 자리를 내놓기 싫어한다. 조금이라도 살 힘이 남아 있으면 내려놓았던 걸 다시 주워 와서 그것의 주인이 되고 싶어 한다. 사람은 다 그렇다. 내려놓는다는 건 참 어렵다.

　그래도 그 친구… 가끔은 먼저 연락을 해 주면 좋겠다.
　그래도 자주 내가 궁금했으면 좋겠고,
　내게 와 줬으면 좋겠다. 그럼 참 좋겠다.

사람도
길이다

오랜만에 내가 좋아하는 분을 만났다. 내가 그분을 알게 된 것이 아마 17년쯤 된 것 같다. 내 나이 서른일 때였다. 죽어도 서른이 되기 싫어했던 그때 그래도 내 인생에서 빼놓을 수 없는 스승님 같은 분을 만나게 되었다. 내가 힘들 때마다 끊임없이 응원과 격려를 아낌없이 해 주셨던 분이다.

좀 부끄러운 모습일 때조차도 아주 작은 책망이나 비난도 하지 않으셨고, 넌 잘할 수밖에 없는 자라고 용기를 주셨던 분이다. 서른이던 내가 지금 마흔을 훌쩍 넘어서 쉰을 바라보듯이 그분에게도 시간은 비켜 가지 않았다. 오늘 보면서 많이 늙으셨구나 생각되었다. 워낙 젊게 살고 싶어 하시고, 젊은 생각으로 나이를 잊고 살려는 분이기 때문에 이제 예전과 달리 나이 들었다고 티를 낼 수는 없었다. 아마 내가 그런 표현을 했더라면 자존심도 상하셨을 거고, 마음도 많이 상하셨을 거다. 방향 감각도 무뎌졌고, 운전할 때 순발력도 무뎌져서 초보 운전을 하는 사람처럼 위태위태했다. 하는 행동 하나하나가 다 느리고 뭔가 엉성했다. 마음이 안됐다. 그렇다고 그분께는 노인의 모습도 안 어울린다. 노인 취급은 어림도 없다. 그분은 마음만은 어린아이이고, 젊은이고, 누구보다도 열정과 도전으로 가득 차 있는 분이었기 때문이다.

세월을 피해 갈 수 없는 나이 듦… 나도 그렇겠지. 나이 들어가는 것에 대해 억울하지 않으시냐고 물었더니 전혀 그렇지 않다고 했다. 그건 우리가 피할 수 없고 어쩔 수 없는 일이기 때문에 앞으로 그 나이를 어떻게 끌고 갈 것이냐를 생각해야 하는 거라고 하셨다. 이렇게 항상 뭐든지 진취적이고 긍정적이고 낙관적이시다.

그래서 함께 있으면 기분 좋고 내가 힘을 많이 받게 된다. 역시 좋은 기운을 가진 사람과 함께 있으면 내게도 그 기운이 전해지나 보다. 그분을 만나서 이야기하고 나면 내게도 다시 용기가 생긴다. 난 특별하다는 자신감이 생기고 뭐든 잘 해 낼 수 있을 것 같아져서 기분이 좋아진다. 내 인생을 용감하게 부딪쳐 나가라고 하신다. 내 안에는 잘할 수 있는 다양한 것들이 많으니 그것을 마음껏 펼쳐 내라고 하신다. 아무나 이렇게 말해 줄 수 없다. 스스로에게 그런 말을 할 수 있는 사람만이 누구에게라도 그렇게 말해 줄 수 있는 것이다. 아마 나뿐만 아니라 다른 사람에게도 좋은 긍정의 말씀으로 방향을 잡아 주시리라 믿는다. 항상 내가 부정적인 생각으로 좌절의 길로 들어서려고 할 때마다 긍정과 희망의 길로 가도록 길을 인도해 주신 분이다.

참 무뚝뚝한 친구가 있었다. 다른 사람의 기분은 생각하지 않고 뭐든 나하고 싶은 대로 하는 게 최고라며 "내 마음이야"를 입에 달고 사는 친구였다. 너 왜 그러느냐고 물어볼 필요가 없었다. 항상 대답은 "내 맘이야"였으니…. 세상의 어떤 것에도 마음을 뺏길 것 같지도 않았고, 무슨 일에든지 초연해 보이는 이였다. 그런데 어느 날부터 이 친구가 변하고 있었다. 말이 변하고 있었다. 난 이 친구에게 변화가 일어나고 있구나, 누군가가 이 친구를 변화시키고 있구나 하는 걸 느낄 수가 있었다. 사람은 자기와 맞는 사람을 만나게 될 때 자기도 모르는 기분 좋은 상태에 젖어들게 된다. 그 사람에게 잘 보이고 싶고, 나름대로 나를 드러내 보이고 싶고, 그 사람이 좋아하는 대로 뭔가를 해 주고 싶고… 그렇게 하고 있는 모습들이 다 보였다. 누군가에게 너를 보이고 싶어 하는구나, 라는 생각이 들었다. 말투도 다른 누군가를 닮아 가고 있다는 걸 알았다. 그 친구는 티 내지 않으려 해도 다 보였다.

사람의 만남이란 참 신기하다. 인연이라는 게 내가 갖고 싶다고 가질 수 있는 것이 아니고, 싫다고 끊어지는 것도 아니라고 한다. 나와 그 친구의 인연은 어디까지인지 모르겠지만 우리도 한때는 서로에게 좋은 사이였으리라. 한 사람 때문에 내가 있는 이곳이 가득 차기도 하고 또 한 사람 때문에 내가 있는 그 공간이 텅 빈 듯 허전해지기도 했다.

난 고등학생 때 좋아하던 친구가 있었는데 그 친구가 아프다거나, 다른 일 때문에 야간 자율학습을 못하고 그냥 가야 할 때는 나도 조퇴증을 끊어 일찍 집에 가 버리곤 했다. 그 친구는 반장이었고, 나는 부반장이어서 반장이 없는 교실엔 부반장이 남아 있어 줘야 했지만 그 친구가 없는 교실에 남아 공부하기가 싫었다. 다른 학급 친구들이 있었지만 내겐 아무 의미가 없었다. 그 친구만 있으면 난 무언가로 마음이 가득 찼고 그 친구가 비운 자리는 어떻게도 감당하지 못하곤 했다. 고등학교 1, 2학년 때 같은 반이었는데 1학년 때는 그저 평범한, 아니 이야기도 몇 마디 안 나눴던 친구였지만 2학년이 되면서 이 친구에 대한 마음이 특별해졌다. 우린 서로 급속하게 친해졌고 단짝이 되었다.

그러나 점점 이 친구 때문에 힘들어 하는 나의 이런 마음을 아셨던 담임 선생님께서는 3학년 때는 둘이 떨어지는 것이 좋겠다고 하시며 다른 반으로 배정을 하려고 했지만 우리는 또 다시 같은 반이 되었다. 그 친구와 나는 고등학교 3년 동안 같은 반이었다. 하지만 3학년 때는 둘이 사이가 서먹서먹해지고 어려워져서 꼭 필요한 말이 아니면 서로 대화를 나누지 않는 상태까지 갔다. 둘이서 그렇게 친했었는데 그 친구는 나의 그런 애정과 관심이 부담스러웠던 것 같았다. 내가 마음을 줄수록 내게 더 무심하고 냉정하게 나를 밀어내고 있었다. 그렇게 우리는 불편한 관계로 졸업을 했다.

친구는 1년 재수를 했고 내가 대학교 2학년이 되었을 때 그 친구에게서 연락이 왔다. 그동안 나에게 정말 미안했다고, 꼭 사과하고 싶었다고. 재수 공부를 하는 동안 합격을 하게 되면 맨 먼저 나를 만나 사과하리라고 마음을 먹었다고 한다. 그리고 우리는 멋쩍게 만났지만 금방 다시 마음을 나눌 수 있었다. 그리고 그 친구를 통하여 지금의 남편을 소개받았고 우리는 결혼을 했다. 친구도 가볍게 만나 보라고 소개해 줬었는데 우리가 이렇게 결혼까지 하게 될 줄은 몰랐던 거다. 이렇게 생각지 않는 누군가로부터 인연이 만들어지기도 했다.

내 곁에 다가왔던 여러 친구들, 인연들, 한때는 서로 없으면 못살 것처럼 서로를 챙기다가 어느 순간부터 우리는 맞지 않다고, 내게 득될 것이 없다고, 만나기를 피하고, 부담스러워 하기도 했다. 자신들의 어떤 필요가 있을 때만 나를 찾는 이들도 꼭 있었다. 난 끝까지 친구들을 믿고 싶었지만 어쩔 수 없이 그들은 떠나기도 했다.

칭찬은
너를 웃게 해

남편은 알코올 중독으로 병원생활을 하게 되었다. 이런 남편과 헤어지고 싶었다. 나는 늘 날카로워져 있었고 남편은 자기 앞가림도 못하는 약해 빠지고 한심한 사람이라고 마음으로 욕하고 있었다. 사실 병원으로 보낸 것도 모든 걸 포기하고 보낸 거였다. 보내 놓고 내 살길을 찾으려는 생각이 더 많았다.

그런데 3주 후 병원을 찾아가 봤더니 남편은 완전 다른 사람이 되어 있었다. 결혼하고 7년 동안 저렇게 웃고 있는 모습을 본 적이 없었다. 그야말로 충격이었다.

한국에 온 지 5년이 되었는데 한국말은 한마디도 할 줄 모르는 남편이라 더 한심하고 의지도 없는 사람 같았다. 그런데 병원에서는 많은 사람들이 남편을 칭찬해 주고, 함께 이야기를 해 주고, 잘하고 있다고 응원해 줬다. 그들 속에서 남편은 딴 사람이 되어 있었다. 칭찬은 고래도 춤추게 한다더니 칭찬은 남편을 웃게 만들었다. 그 좁은 병원 방에 갇혀 있는데 어떻게 그렇게 행복한 표정을 지을 수가 있는지 충격이었다.

한국 드라마를 보면서 한국말을 익히고 있다며 사전이랑 책을 사 달라고 부탁을 하기도 했다. 그는 5년 동안 한국에 살았어도 한국어를 배울 생각도 안 했고, 관심도 없었다. 그래서 영화를 보러 가도 남편은 외국영화를, 나는 한국 영화를 따로 보러 가기도 했었다.

그랬던 남편이 사람들의 관심과 칭찬 속에서 웃음을 다시 찾았다는 걸 알았다. 남편의 알콜 중독과 우울증의 원인이 그를 향한 나의 무시와 무관심일 수 있겠다는 생각이 들었다. 나는 내가 남편을 외롭게 했다는 것을 알고 남편에게로 마음을 다시 돌렸다. 남편에게 다시 잘해 주고 싶었고, 우리는 다시 잘해 보고 싶었다.

내가 아는 어떤 부부의 이야기다. 그녀의 이야기를 들으면서 내 기도에 응답하신 하나님께 감사했다.

이처럼 함께 있는 이들의 응원과 칭찬이 나를 웃게 하고 당신을 웃게 한다. 우리는 누구나 그럴 것이다. 애정이 부족해서 아픈 사람이 있다. 병이 생기는 사람이 있다. 그런 사람은 따뜻한 사랑에 푹 빠져 보면 금방 회복될 것이다.

가끔은 나도 충분한 사랑을 받으면 내 안의 불안함, 불안정한 모습들이 치유되지 않을까 싶었다. 내게만 온전히 집중해 주는 사랑, 나에게만 푹 빠져 들 수 있는 사랑, 따뜻한 탕 안에 온몸을 푹 담글 때 전해지는 그 기분 좋은 상태가 지속되면 내 안의 마음병도 의외로 금방 치유될 것 같았다.

우리는 모두 누군가의
길이 된다

어떤 사람의 시간을 가져오는 것은 그 사람의 마음을 가져 오는 것이다. 바쁜 중에도 내게 시간을 내어 준다는 것은 자신의 마음을 내어 주는 고마운 것이다. 바쁘다는 이유로 내어 주는 마음이 자꾸 밟힐 때는 그 마음을 쿨하게 거두는 것이 오히려 현명한 것이다. 마음이 시간을 이기기 때문이다. 내가 누군가에게 주었던 것은 시간이 아니라 마음이다. 댓글을 다는 것부터 메신저로 보낸 답글, 한 통의 전화, 눈길 한 자락까지. 한 조각의 마음이 있어야 시간도 따라오기 때문이다. 나는 오늘 어디에 내 시간을 쓸 것이며 내 마음을 보낼 것인지, 커피 한잔으로 나에게 먼저 마음을 보내 본다.

마음은 오고가야 건강하다. 그래야 더 건강해진다. 그래야 더 살맛난다. 사람은 누구나가 그 마음에 들키고 싶지 않은 부분이 있다. 숨기고 싶은 부분이 있는 것이다. 그러나 봐 줬으면 하는 또 다른 마음도 있다. 들키고 싶지 않은 마음을 들켜 버렸을 땐 수치심을 느끼지만 봐 주기를 바라는 마음이 외면당할 때는 수치심과 모욕감을 함께 느낀다.

난 내게 오는 자들에게 더 잘할 것이고 내 곁에 있는 자들에게 더 집중할 것이다. 가 버린 사람 돌아보지 말고 오지 않으려는 사람 붙잡지도 말고. 내가 가도 와 주지 않는 사람, 나만 가야 하는 일방통행을 이젠 거두려 한다.

길이라는 건 통로이다. 무엇인가가 지나가는 통로이고, 어딘가로 인도해 주는 통로이다. 어떤 사람을 만나느냐에 따라 나의 가는 길이 정해지기도 하고, 변경되기도 한다. 어떤 말을 듣느냐에 따라 그 말처럼 길이 나기도 한다. 어떤 꿈을 꾸고 키우느냐에 따라 하나의 길은 다시 열리기도 하는 것이다.

나의 길이 되어 주는 사람을 만나기도 한다. 어떤 때는 내가 만나는 사람의 복의 통로가 되기도 하지만, 또 어떤 때는 악의 통로가 되기도 한다. 불평하는 마음, 미워하는 마음은 사단의 통로가 된다고 했다.

마음의 길도 있지만, 말의 길도 있다. 하나 되지 못하게 하고, 이간질하기를 즐기는 사람이 있다. 다른 사람을 위해서 하는 말인 것 같아도 그게 사실 그 사람을 비방하는 것이거나 은근슬쩍 그 사람의 허물을 끄집어내어 말하는 사람도 있다. 다른 사람을 생각해서 하는 말 같지만 오히려 그 사람에게 함부로 하는 말을 잘하는 사람이 있다.

예전엔 곧잘 아침에 일어나면 늘 우울하고 불안했다. 내 마음 상태는 주로 우울과 불안과 짜증과 알 수 없는 두려움이었다. 난 아무 걱정거리가 없을 때도 일부러 걱정을 만들어서 하는 편이었고 늘 걱정 속에서 불편하게 살았다. 그런데 어느 순간 그 마음이 사라졌다. 뭐든지 좀 더 대범하게 받아들이게 되었고, 그 길이 내게 하나도 도움이 되지 않는 유익하지 못한 길이라는 걸 알고는 일부러 그 길에서 벗어나려고 애를 많이 썼다. 그리고 난 어느새 평안하고 기쁘고 밝은 길에 서 있었다. 감사한 일이다. 얼마큼 감사하느냐에 따라 행복이 정해진다고 했다. 내가 그만큼 감사를 모르고 지냈다는 것이다.

더 많이 감사하자. 더 많이 기뻐하고, 더 많이 섬기자. 내가 누군가를 섬길 수 있을 때 그것조차도 감사한 일이다. 내가 만나는 사람들은 모두 나를 돕기 위한 자들이고 나를 키워 줄 사람들임을 잊지 말자.

생각해 보면 모든 것이 감사하다. 지금까지 이렇게 지내온 모든 것이 하나님 은혜이다. 무엇보다 남편이 참 많이 외롭고 힘들었을 것 같다. 내가 진정으로 남편 편이 되어 주지 못하고, 남편과 하나 되어 주지 못해서 많이 미안하다. 내 결혼 생활의 많은 시간, 아니 대부분의 시간을 남편 때문에 아파하면서 보냈던 것 같다. 분명 남편을 사랑해서 결혼한 게 맞는데, 난 끝까지 제대로 잘 사랑하지를 못했다. 남편의 마음을 제대로 이해해 주지 못했다. 많이 외로웠을 텐데, 많이 힘들었을 텐데, 많이 속상했을 텐데… 기도로 돕지 못해 정말 미안해요… 많이 미워해서 정말 미안해요.

운전을 배울 수 있는 기회가 많았다. 이상하게 그때는 나를 도와주려는 이들이 많아서 돌아가면서 나의 운전연수를 도와줬다. 그런 기회들이 올 때는 내가 좀 더 적극적이 되어야 한다. 결국 변화를 만들고 성장을 만드는 건 나 자신이기 때문이다. 지금 생각해 보면 그때 그런 도움의 기회를 꽉 붙들지 못한 것이 안타깝다. 지금도 나의 변화를 돕고 있는 이들이 곁에 있어서, 나의 길이 되어 줄 수 있는 이들이 많이 보여서 나는 열심히 움직인다. 지금은 그래야 할 때라는 걸 이제는 안다. 함께 어울려 살아간다는 것이 행복한 요즘이다. 내가 어떤 사람을 만나느냐에 따라 내 길도 달라진다. 그리고 어떤 길을 가느냐에 따라 내가 어떤 사람이 되는지도 정해질 것이다.

이렇게 내가 만나온 모든 사람은 나의 길이 되어 왔고 그렇듯이 지금 나도 누군가의 길이 되고 있는 것이다. 우리는 모두 누군가의 길이 되고 있음을 기억해야 한다.

주인
바꾸기

　　세상의 일부분으로서 하나님을 인정하고 있는지, 세상을 창조하신 세상의 주인, 나의 주인으로서 하나님을 섬기고 있는 것인지 종종 내 믿음을 점검해 봐야 했다. 순식간에 난 하나님을 나의 주인이 아니라 그저 우상으로 만들어 버릴 때가 많았다. 그래서 난 수시로, 자주, 나의 하나님을 어디에 모셔 놓고 있는지 확인해 봐야 했다.

　　나는 내가 있는 자리에서, 내가 만나는 사람들에게 항상 좋은 영향력을 끼치는 자가 되고 싶었다. 어떤 사람이 위로를 받고 다시 일어날 수 있도록 내가 어떤 역할이 되고 싶은 욕심이 많았다. 사람은 누구든지 자신이 중요하다는 인정을 받고 싶어 하며 또 중요하다고 생각하는 저마다의 가치가 있다. 그러나 가장 큰 영향력을 줄 수 있는 것은 바로 복음이라고 생각한다. 복음에 우리의 살고 죽는 것이 달려 있기 때문이다. 사탄은 한 번 죽으면 끝이라고, 이 세상의 풍속을 따르라고, 이 세상의 것에 마음을 뺏기고 살도록 유혹하지만 성경에는 한 번 죽는 것은 사람에게 정하신 것이요, 죽음 이후에는 반드시 심판이 있다고 말한다.

　　그리고 우리 인간에게는 영원을 사모하는, 하나님만으로 채워야 할 부분이 있는 것이다. 나는 돈이나 물질에 욕심이 있는 건 아닌데 사람에 대한 욕심은 많다. 사람에 대한 욕심 또한 내 욕심이 아니라 영혼 구원의 중요한 가치에 연결되어야 할 것이다. 살다 보면 하나님이 아니라 돈이 나의 주인이 되기도 하고 사람이 내 마음의 주인이 되기도 한다. 그럴 때마다 주인 바꾸기 작업은 필요하다. 나도 수시로 주인이 바뀔 때가 많아서 하나님께 참 죄송하다. 사람은 사랑해야 할 대상이지 믿을 수 있는 대상은 아니라고 했다. 그런데도 사람 때문에 실망하고 마음 아파 할 때가 많다. 사람을 너무 믿고 싶어 했고, 의지하고 싶어 했다.

우리는 흔히 사람을 잘 만나야 한다고 한다. 만남의 축복을 위해서, 좋은 리더를 만나도록, 좋은 배우자를 만나도록 기도한다. 인생에서 내가 어떤 사람을 만나느냐에 따라 내가 어떤 사람이 되느냐가 결정되기도 한다. 5만큼 가진 자라도 자신을 세워 주고 키워 주는 사람을 만나면 5 이상의 실력도 나타낼 수 있다. 하지만 자신을 죽이는 사람을 만나면 자존감의 상실로 2나 3 정도의 실력만 보이게도 된다. 사람의 만남이 얼마나 중요한지 살아가면서 더 많이 느낀다.

그리고 나 또한 나를 만나는 사람에게 좋은 사람이 되어 줘야 한다. 다른 사람을 세워 줄 수 있고 채워 줄 수 있는 사람이 되어야 하는 것이다. 남을 세워 주려면 내가 낮아지고 나보다 남을 더 낮게 여겨야 하는데 우리는 낮아지기보다는 높아지기를 원하며 내가 대접받기를 더 원할 때가 많다.

나는 내가 연약한 것도 알고 내 안에 상처가 많은 것도 안다. 그리고 다른 많은 사람들도 그 연약함과 상처를 가지고 있지만 표현하지 않고, 드러내지 않고 살아내고 있는 것이다. 더 이상 내 상처만 들여다보고 어린애처럼 사는 것이 아니라 주위 사람들에게 관심을 가지고 다가가야 할 것이다.

뻔한
소리

누군가 잘못을 지적하면 난 대체로 수긍하는 편이다. 뭔가 나의 행동 때문에 다른 사람이 불쾌해하거나, 불편을 겪었다 싶으면 일단은 사과한다. 내가 일부러 그렇게 한 것이 아니라도 나도 모르게 불편을 끼쳤을 수도 있고, 내가 잘못한 것일수도 있으니까. 난 모든 사람이 다 그런 줄 알았다.

그런데 절대 자신의 잘못을 인정하려 들지 않는 사람도 있었다. 무어라고 잘못을 지적하면 일단 기분 나빠하면서 "내가 혼 좀 내 주려다가 참았다"라고 말하는 것이 아닌가. 오해가 있으면 서로 잘 풀면 될 것이고, 내가 잘못한 거면 인정하고 사과하고 고치면 될 일을 혼내 주려다가 참았다는 말에 그 사람이 다시 보였다. 상대는 본인보다 나이도 훨씬 많은 분이셨는데. 난 그 사람에게서 다른 사람을 인정하지 않으려는 모습을 보았다. 자기의 잘못은 받아들이려 하지 않는 교만함을 보았다. 본인은 자기가 잘못한 일에 대해서 절대 잘못했다고 먼저 말하지 않는다고 하길래 왜 그러냐고 물었더니 그냥 본인의 성격이라고 했다.

어떤 이는 뻔한 소리 하는 책은 쓸데없다며 읽을 필요가 없다고도 말했다. 그러나 우리가 알아야 하는 많은 것들은 대부분 뻔한 소리들이다. 우리는 너무도 뻔한 소리를 듣고 행할 줄 알아야 하며 어쩌면 정말 중요한 건 그 뻔한 소리들에 있는지도 몰랐다.

　잘못한 걸 잘못했다고 말할 수 있는 것, 그리고 가르치는 건 너무도 뻔하고 당연한 소리 아닌가. 어떤 특별한 것이 아니라 그 뻔한 소리를 제대로 해내지 않을 때 서로의 관계가 무너지기도 한다. 정말 중요한 것은 작고 사소한 것에 있다는 것을 기억해야 할 것이다.

내 마음대로

키다리 아저씨

난 끊임없이 누군가에게 나의 말을 하고 싶어 하고
이야기하고 싶어 한다
충분히 내 이야기를 들어줄 사람이 있으면 좋겠다
좋으면 좋다고
화나면 화난다고
우울하면 우울하다고
아무렇게나 말해도 날 이해하고
무슨 말이든 들어주고 반응해 주는
나의 키다리 아저씨가 있으면 좋겠다

내게 일어나는 모든 것은 좋은 것이다

모든 것이 하나님과 상관없이 일어나는 일이라 생각하면
난 너무도 무기력하기에 더 좌절하게 된다
그러나 이 순간도 사람을 통하여
여러 상황과 환경을 통하여
하나님이 일하고 계신다고 생각하면 견딜 만하다
다소 힘들고 막막해도
내가 길을 잃은 것 같은 막막함 가운데 있어도

곧 길이 나올 거라는 걸 기대하게 된다
난 할 수 없지만 하나님이 분명
길을 만들고 계심을 난 믿기 때문이다
내게 일어나는 모든 일은 다 좋은 것이다
왜냐하면 하나님이 조율하고 계시는 내 삶이니까…

처음 마음

나를 대하는 마음이 처음과 변한 것 같아
섭섭해 할 때가 많았다
난 한결 같아야 한다고 생각했다
그리고 나도 한결 같다고 생각했다
그런데 가만히 생각해 보니
나도 많은 것들에 처음 마음이 변해 있었다
나에게 편한 대로, 내가 다루고 싶은 대로
그렇게 내 마음을 주고 있었다
그리고 어쩌면 변하는 게 정상인지도 모르겠다

표현

어쩔 때는 한마디 말보다
언뜻 스치는 표정 하나가
무심코 보이는 몸짓 하나가
더 정확한 대답을 해 줄 때가 있다
너에게서 듣는 말보다
더 정확하게 너의 마음을 보여줄 때가 있다
너의 진심을 읽어 버릴 때가 있다

하면 안 된다

받으려고 하면 안달이 난다
조급해진다
그러나 뭐라도 더 주고 싶을 때나
표현하는 것에도 절제해야 할 때가 있다
나의 표현이 받는 이에게 부담스럽거나
불편하게 하는 거라면 난 하면 안 된다
하고 싶어도 하면 안 된다
그게 좋다
서로가 안 다치는 방법이다
그래서 난 오늘 그냥 참는다
참기로 했다
하고 싶은 말 하면서
하고 싶은 건 하면서
마음 가는 대로 하며 살라고 하지만
누군가에게 불편함이 되는 거라면
하면 안 된다

씨앗

내 가슴에 씨앗이 하나 심겼다
언제, 어디서, 누가, 어떻게 심었는지는 모르겠지만
조금, 아주 조금 그 씨앗의 생명력을 느낀다
꿈틀 꿈틀… 씨앗의 꿈틀거림이 내게 기쁨이 된다
곧 싹이 트겠지…?
어떤 꽃이 필까… 궁금해진다

여섯

예전 일기장에서

평생 나를 붙들어 준
하나님께 드리는
어린아이 같은 고백

넌 모르지만
난 아는 것처럼

- 2010년 6월 3일

며칠 전 아들을 데리고 치과에 다녀오면서 빵집에 들렀다.
욕심내어 고르는 것을 겨우 말려서 몇 가지만 샀다.
빨리 먹지 않으면 상할 수 있었기에
먹을 만큼만 사라고 했는데도 욕심을 낸다.
결국은 어제도 못 먹고 오늘까지 그대로 남아 있어서
버리는 것이 아까워서 둘이서 억지로 억지로 먹었다.
그러면서 생각했다.
하나님도 내게 그렇게 주시는 것이 아니겠냐고….
내게 필요한 만큼만, 내게 가장 적당한 만큼만
가장 좋은 것으로 주시려는 것.
그런데 그것을 알지 못하고 그저 내 욕심대로만 요구할 때
하나님 주시지 않음에 떼 쓴 모습은 아니었는지.
내가 오히려 많이 가지고 있다가
잘못하면 상한 빵을 먹어야 하는 것처럼
나무 과하게 가지는 것이 내게 유익이 아니라
해가 될 수도 있음을 알게 해 주셨다.
먹지 못하고 버려야 하는 상황이 올 수도 있음을.
상한 것을 먹고 아플 수도 있음을.
아들은 모르지만 난 알았던 것처럼
나는 모르지만 하나님은 알고 주시지 않는지도 모르겠다.

빵 봉지를 보면서 하나님의 응답에 대해 생각해 봤다.
내게 가장 좋은 것으로 먹여 주시는 하나님 감사합니다.

응답하시는 주님

- 2012년 2월 10일

나의 기도를 들으시는 주님,
내 마음의 작은 소리도 듣고 응답하시는 주님
오늘도 하나님 만나기 원한다고,
매일매일 하나님 만나는 날들이길 원한다고,
작은 소리로 기도했는데
목사님 말씀을 통해 응답하시고,
'네 마음의 소원을 내가 들었다'고,
다시 한 번 확인 시켜주십니다.
매일 하나님의 은혜를 잊지 않기 위해
신앙 일기를 적어 왔었는데
그렇게 하나님께 감사하던 내 모습을
하나님이 기뻐하셨음을
다시 회복하길 원하시는 하나님의 마음을 알게 하십니다.
멈춰 버린 하나님께로 썼던 나의 편지에
'왜 계속 하지 않니…?'라며
부드럽게 물으시는 듯합니다.
하나님, 감사합니다.
지금까지 나의 편지를 기쁘게 받아주셔서 감사합니다.

너나
잘해라

　새벽기도 중에 '내 생각은 너와 다르다'는 말씀이 자꾸 생각나게 하셨다. 하나님은 나의 어떤 생각이 하나님과 다르다는 것일까 하고 생각해 보았다. 엄마께 아버지를 위해서 1분만이라도 기도하라고 했더니 너나 잘하라고 하시면서, 너는 그렇게 기도하는데 왜 네 남편은 교회 안 가고, 동생들도 교회 못 데리고 가냐며 핀잔을 주셔서 마음이 많이 상해 있던 터였다. 나를 위해서 기도해 주지 않는 엄마가 못마땅한 때가 많았는데 그렇게 말하기까지 하니 너무 화가 나기도 했다.

　아침에 교회 가는 길에 집에 들렀더니 "넌 왜 내가 아프다는 거 알면서 나한테는 기도 안 해 주냐"고 하셨다. 그 말이 생각나서 양육을 마친 후 좀 망설이긴 했지만 용기를 내어 다시 찾아갔다. 피곤하다고 누워 주무시고 계시는 엄마께 기도하러 왔다고 하니까 순순히 다리를 내미셨다. 보혈 찬양을 부르고 성령님을 사모하면서 기도를 시작했다. 기도하는 중에 엄마는 울기 시작하시더니 마쳤을 때는 "됐다, 이제 다 나았다" 하시며 뒤돌아 누워 소리 내어 우셨다. "나 아플 때 엄마가 나 업고 다녔는데 이젠 엄마 위해서 내가 더 기도할게" 하고는 집을 나섰다.

　사실은 얼마 전부터 난 엄마께 섭섭한 마음을 갖고 있었다. 같이 교회에 나오면서도 믿음 없는 말을 계속 하면서 너나 잘해라 하면서 핀잔 주는 말로 나를 힘들게 하는 것도 싫었고, 나를 위해서, 또 가족을 위해서 기도해 주지 않는 엄마에게 섭섭한 마음도 들었다.

너는 예수님이 낫게 해 주셨다고 엄마 입으로 고백하면서도 올바른 신앙을 먼저 가지지 못하고 가족들을 위해 기도해 주지 못한 엄마라는 생각이 들었고, 기도해 주는 엄마들이 부러운 나머지 엄마에게 자꾸 서운한 마음이 들었다. 하지만 난 20년이 넘게 교회 다녀도 변화되지 않다가, 이제야 새로운 믿음에 눈을 뜨게 되었고 기도한 지 얼마 되지 않았다. 그러면서 왜 엄마는 다른 엄마들처럼 하지 못하냐는 교만한 마음과 함께 자꾸만 섭섭한 마음이 생겼고, 엄마랑 작은 일들로도 서로 마음 상하는 경우가 많이 생겼다.

그래서 그런 엄마를 위해 기도할 때 어느 날 하나님은 새벽기도 중에 "나는 네 생각과 다르다"는 말씀을 하시는 것 같았다. '뭐가 다릅니까? 엄마가 기도 안 하는 것이 잘하는 겁니까? 엄마가 이렇게 어린아이 같은 믿음을 가지고 있는 것이 잘하는 겁니까?' 하면서 내가 맞다는 생각, 나는 잘하고 있다는 것을 우기고 싶었다.

그런데 오늘 새벽기도 중에 하나님이 다른 마음을 주셨다. "네가 하지 그랬니? 대학 신앙생활 할 때 종교생활 하지 말고 제대로 믿어 동생들 교회로 인도하지 그랬니? 네가 하면 되었는데, 넌 왜 안했니?" 하시는 것 같았다. 갑자기 부끄러웠다. 내 눈 속의 들보는 보지 못하고 다른 사람 눈에 있는 티끌을 빼 주겠다고 우긴 부끄럽고 교만한 모습이었다. 너나 잘해라 하는 엄마 말씀이 딱 맞았다.

하나님께 회개했다. 엄마는 내 병을 낫게 하기 위해 다 큰 나를 업고 이 병원 저 병원 다니신 것으로 충분했던 것이다. 나는 엄마에게 지워진 십자가였다. 그 다음은 내 몫이었다. 아버지를 위해서 엄마를 위해서 동생들을 위해서 기도하는 것은 어쩌면 엄마보다도 내 몫이라는 생각이 들었다.

하나님 앞에서, 엄마 앞에서, 너무 죄송했다. 엄마의 다리는 기도의 무릎은 아니었지만 나를 업고 다니시던 다리이고, 내 결혼 생활이 좌절로 무너질 때 내 아들을 업고 키워 주시던 다리였다. 기도의 무릎은 내 몫이었다.

오늘 성령님은 엄마의 마음을 만지시고 또 엄마에 대한 그동안의 내 섭섭한 마음들도 만지고 다 치유해 주셨다.

그리스도 예수의 마음

- 2011년 8월 11일

너희 안에 이 마음을 품으라 곧 그리스도 예수의 마음이니 그는
근본 하나님의 본체시나 하나님과 동등 됨을 취할 것으로 여기지
아니하시고 오히려 자기를 비워 종의 형체를 가지사 사람들과 같
이 되셨고 사람의 모양으로 나타나사 자기를 낮추시고 죽기까지
복종하셨으니 곧 십자가에 죽으심이라 (빌립보서 2:5-8)

예수님이 이 땅에 오심은 우리를 대신하여 십자가에 죽으심으
로 우리를 죄에서 구원하기 위해서이다. '나는 하나님이다, 내가 바
로 하나님이다'라는 마음으로 이 땅에 계셨다면 하나님이 주신 일
을 온전히 감당하지 못했을지도 모른다. 내가 바로 하나님인데 너
희 인간들이 감히 어떻게 나를 몰라보고 이럴 수 있느냐, 내게 이
럴 수가 있느냐고 괘씸해 하셨을지도 모르겠다.

그러나 우리 예수님은 그 마음을 다 버리셨다. 하나님과 동등
됨을 취할 것으로 여기지 아니하셨다고 했다. 예수님이 이 땅에 오
신 목적, 사명을 완수하기 위하여 철저히 자기를 부인하고 하나님
만을 의지했다. 사람들이 주는 무시와 경멸은 아무것도 아니었다.
사람들에게서 높임을 받기를 원하지도 않으셨다. 그래야 하나님이
주신 일을 해 낼 수가 있는 것이다.

요즘 나의 모습을 다시 한 번 돌아본다. 나를 회복시키시고 훈련을 통하여 나를 일꾼으로 세우시는 목적은 무엇인가? 나를 통하여 하나님이 이루시고자 하는 뜻은 무엇인가? 내가 살아가는 이유가 무엇인가?

은혜 받았다고 자랑하는 것이 중요한 것이 아니라 결국에는 그 은혜를 통하여 예수님을 전해야 하는 것이다. 내가 지금 내 사사로운 감정에 사로잡혀서 미움에 시기에 질투심에 얽혀 있음은 사단의 전략인 것이다. 훈련받고도 하나님의 일을 하지 못하도록 내 발목을 잡고 있는 사단의 궤계임을 기억하자.

리더의 내적 자질은 순결, 겸손, 믿음이라 했다. 나는 순결한가? 하나님 쓰시기에 깨끗한 그릇인가? 내 안이 더러운 오물로 가득 차 있다면 하나님께서 아무리 나를 훈련의 자리까지 인도해 주셨어도 결국에는 쓰임 받지 못할 것이다.

하나님이시지만 자기를 비워 종의 형체를 가지셨다고 했다. 내 안에 나를 버리게 하시고 다른 이들을 더 세워 주고 섬겨 주고 나는 더욱 낮아져야 한다. 사람들에게 귀히 여겨지기보다 하나님께 귀히 쓰여야 한다.

내 얼굴이 전도지

- 2012년 2월 6일

마음이 컬컬하고 집에서 기도가 안 되어 중보기도실에 다녀왔다. 기도실에 앉자마자 갑갑하던 내 마음이 뭐가 그리 서러운지 갑자기 눈물이 났다. 사역을 잘하기보다 하나님과 더 깊은 관계가 되길 원했다. 더 많이 기도하는 자가 되어야 했다. 내려오는 길에 엄마 집에 들러 점심을 먹었다. 엄마는 교회 일에 열심인 내가 늘 못마땅하다. 네가 어쩌다가 이렇게 되어 버렸냐는 듯이 나를 불쌍한 눈빛으로 쳐다본다. 하나님이 나를 사랑하신다고 했더니 "하나님이 너를 두 번만 사랑했으면… 쯧쯧…" 하고 안타까워하신다.

하나님께 부끄럽고 죄송해서 밥이 안 넘어갔다. 그건 다른 사람이 볼 때 내가 하나님의 자녀다운 모습으로 살지 못했다는 것 아닐까? 그래서 하나님께 영광이 아니라 영광을 가리는 자가 된 것 같았다.

하나님, 죄송해요. 성령의 은사는 있어도 성령의 열매는 없는 모습이었다. 내가 그걸 몰랐다. 사람들은, 특히 믿지 않는 자들은 내가 기도를 얼마나 하는지, 성경을 얼마나 읽는지에 관심이 있는 것이 아니라 내가 어떻게 살고 있는지 나를 보고 있다. 내 모습이 바로 전도지이고 내 얼굴이 바로 하나님을 전하는 전도지인 것이다. 늘 기억하도록!

내 입술만
빌려서

- 2010년 12월 3일

교회에서 처음 양육 훈련을 받을 때, 수료를 할 때쯤이 되면 받은 은혜를 간증하는 사람들이 있었다. 그 사람들을 보면서 나도 내가 만난 하나님에 대해서, 내가 받은 은혜에 대해서 언젠가 간증하고 싶다는 생각을 했었다. '하나님, 나도 저 자리에서 하나님 이야기하고 싶어요'라는 마음을 품었다. 마음으로 사모하고는 있었지만 남편이 교회에 나오게 되면 그때쯤엔 하게 되지 않을까 싶었다.

그런데 하나님이 좀 일찍 이루어 주셨다. 엄마는 내가 간증하게 되었다니까 네가 무슨 간증거리가 있냐고, 네가 무슨 은혜 받은 게 있냐며 비웃으셨다. 사는 환경도 변화된 것 없고, 하나님 안 믿는 동생들보다 잘 사는 것도 아니고, 나는 너만 보면 갑갑한데 네가 무슨 은혜 받은 게 있느냐, 서 서방이 조금 잘해 주는 거 말고 바뀐 게 뭐가 있느냐고 하시는 말씀에 가슴 아팠다.

왜 내가 하나님께 받은 은혜가 없단 말인가, 내게 주신 어려움과 고통의 시간조차도 하나님의 은혜이거늘 왜 엄마는 내가 받은 은혜가 없다고 하실까? 늘 죽고 싶다는 생각 속에 있다가 하나님 때문에 살고 싶다는 생각으로 바뀌었고, 남편을 미워하며 살던 내가 남편을 위해 기도하는 자로 바뀌었는데 우리 가족은 모르고 있었다. 아직 내 변화된 모습이 부족한가 보다.

엄마는 겉으로 보이는 내 환경만 보시구나, 내가 예전에 내 마음이 얼마나 힘들고 고통 가운데 있었는지 정말 모르시는구나, 아무리 부모라도 자식의 영혼 문제에까지는 관심을 갖지 못하는구나, 올 한 해 난 하나님 안에서 회복되어 정말 너무도 감사한데 엄마 눈에는 내 영혼의 상태는 안 보이는구나, 하는 생각이 들어 야속하기도 하고 섭섭하기도 하여 마음이 아팠다.

친정식구들은 아무도 나의 간증에 동참하지 않고 기뻐하지 않았다. 나의 회복을 축하해 주지도 축복해 주지도 않았다. 하나님을 만나지 못한 자들에게는 하나님의 은혜는 없었다. 그들에게는 환경만 보였다.

그러던 중 한 집사님이 위로의 메시지를 보내셨다. '간증은 은혜를 체험한 자만이 누릴 수 있는 축복입니다. 집사님은 저의 자랑이요, 간증입니다'라고.

금요 철야 기도 시간에 미리 가서 담당 자매의 지시대로 연습했다. 혼자서 연습하는 중인데도 너무 떨리고 말이 빨라졌다. 원래 내 음성이 좀 떨리고 손도 좀 떨리는데 마이크까지 잡아야 하니 더 긴장되었다.

담당 자매가 남편이 오늘 왔냐고, 간증하는 건 알고 있느냐고 물었다. 하는 건 아는데 오늘 오지는 않았다고 하니 안타까워하며 기도하겠다고 격려해 주었다. 내가 너무 떠니까 담대하라고, 내 입술만 빌려서 하나님이 하시는 거라고 말해 주었다. 찬양을 하는 동안 정말 남편 생각이 많이 났다. 혹시라도 하는 마음에 자꾸 2층을 올려다보고 핸드폰을 들여다보았다.

아침에 남편에게 내가 하나님께 받은 은혜를 간증하기 위해 많은 사람들 앞에 서야 하는데 너무 떨린다고 했더니 잘하고 오라며 격려해 주었다. 난 오히려 날 비웃고 쓸데없는 짓 하고 다닌다며 조롱할 줄 알았다. 그런데 너무도 아무렇지 않게 잘하고 오라고 해주어 고마웠다. 찬양시간이 끝나고 강대상에 올라갔다. 의외로 침착하고 차분하게 시작할 수 있었다.

주가 쓰시겠다 하라

- 2012년 12월 3일

벌써 12월이 시작되었습니다. 감사합니다. 하나님.
모든 것이 감사한 것뿐입니다.
채워지는 것도 감사하고 부족한 것도 감사하고,
넉넉한 것도 감사하고 모자라는 것도 감사합니다.
나의 모든 것이 하나님의 은혜입니다.
또 그렇게 고백할 수 있는 것도 행복합니다.

하나님, 점점 나의 생각이 변하게 하시고
하나님 안에 있게 하시니 그것도 감사합니다.
나는 부족한 것투성인데 그래도 하나님이 날 쓰기 원하시고
나를 세워 주시니 얼마나 감사한지요.
금요기도 시간에 하나님이 나를 얼마나 사랑하시는지
자꾸 들려 주셔서 얼마나 눈물이 났는지요.

기도하면 하나님은 자꾸만 저를 부르시고
나를 사용하기 원하신다는 마음을 주십니다.
저는 외면하고 싶은데 말이에요.
"주가 쓰시겠다 하라." 이 말씀이 자꾸 귀에 들려옵니다.
저는 정말 자격 없고 부족한 것투성이라
"제가 뭘 할 수 있겠어요?"

이렇게 자꾸 반문하며 외면하려고 하는데
하나님은 저를 자꾸 쓰시겠다 하십니다.
하나님. 제게 주신 은사대로 잘 쓰임 받기 원합니다.
다른 사람을 부러워하며 시기 질투하는 것이 아니라
내게 주신 모습대로 달려가겠습니다.
사람들은 잘하고 못하고를 따지겠지만
나는 그저 하나님 앞에서 순종하는 자가 되게 하소서.

마치는 글

예전에 조용기 목사님의 설교 중에 하나님은 나의 편지를 받는 것을 기뻐하신다고, 하나님께 편지를 한 번 적어 보라는 말씀을 들은 적이 있었다. 그때 난 이미 하나님께 편지를 쓰고 있었는데 그 말씀을 들으면서 내가 하고 있는 일이 하나님을 기쁘시게 하는 일이라는 걸 알고 마음이 굉장히 뿌듯했었다.

난 받는 것은 좋아하면서 받은 것을 제대로 관리하지 못한다는 걸 알았다. 예수님을 믿어도 고난이 올 수 있다. 앞으로도 어떤 힘든 일이 생길 수도 있다. 하나님의 은혜도 마찬가지였다. 받은 은혜는 순간순간 많았으면서 그 받은 것을 금방 잊어버렸고, 기억하지 못했다.

그래서 하나님께 감사편지를 쓰기 시작했던 것이 소소한 나의 일상을 하나님께 적는 글이 되었다. 그렇게 적어 두었던 지난 내 일기장을 펼쳐 보고는 놀랐다. 난 늘 똑같은 고민, 똑같은 생각, 똑같은 문제, 똑같은 욕심을 가지고 있었다. 어찌 그리 하나도 변한 게 없는지, 지금 하고 있는 말을 어쩜 그때도 똑같이 하고 있었는지, 어쩜 그리 하나도 나아진 게 없을까 그 순간 놀라고 실망스럽기도 했다. 그러나 분명한 것은 지금의 나는 예전과 달리 믿음이 성장해 있고, 조금이라도 하나님의 뜻을 알려고 하나님 앞에 엎드릴 수 있다. 그래서 이제는 좀 더 강하게 견딜 수 있을 거라 생각한다.

이은대 작가님을 통하여 글 쓰는 이유와 글 쓰는 방법을 배워서 첫 책을 출간했었다. 가장 멋진 글은 내가 쓴 글이라고 하셨는데, 난 자꾸 내 글을 읽을 때마다 전혀 멋지게 보이지 않았다. 왜 그럴까? 그 이유는 내 이야기를 전하려는 게 아니라 좋은 이야기, 훌륭한 이야기, 그럴듯한 이야기를 쓰고 싶어 하기 때문이었다. 그러나 내가 보여줘야 하는 것은 솔직한 나의 이야기였고, 내가 쓰는 한 줄의 글이 누군가에게는 큰 힘이 될 수 있다는 것을 기억하라고 당부하셨다.

첫 책을 쓰고 나서 다음에는 어떤 글을 써야 하나 고민이 되었다. 글 쓰는 사람으로서의 삶을 살고 싶어진 나는 생각과 관심이 온통 글쓰기에 가 있었고, 내가 쓰고 싶은 여러 주제들이 떠오르기도 했다. 그러나 내가 정말로 쓰고 싶었던 책은 일상 속에서 내가 만나는 하나님, 깨닫게 하시는 하나님 이야기였다. 수첩에, 일기장에 기록해 두었던 생각들을 이렇게 책으로 만들 수 있어서 기쁘다.

글을 쓰면서 더욱 감사하게 되었다. 나만 아프고, 힘들고, 불쌍하고, 불행하다고 생각했었는데 나보다 더 아프고, 더 힘들고, 그럼에도 더 열심히 살고, 더 행복해하고, 더 감사해하는 이들이 많다는 것을 알았다. 난 그들에 비하면 내 아픔은 견딜만 한 거였구나, 오히려 더 감사제목이 되는구나 하는 걸 알았다.

얼마 전에 아들이 작은 사고를 일으켰다. 어떤 사람에게는 그것이 아무 일도 아닐 수도 있겠지만 난 도저히 그것을 받아들일 수가 없었다. 아들도 내게 잘못했다고, 다시는 그런 일이 없을 거라고 내게 용서를 빌고 그때부터 내게 더 다정한 아들이 되었다. 그러나 얼마의 시간이 흐르자 또 가끔씩 내게 알 수 없는 성질을 낼때도 있고, 대답도 잘 안 하고 방문을 닫고 들어가 버리기도 해서무슨 일인가 마음이 많이 쓰였다.

'칫, 엄마한테 잘하겠다고 그렇게 용서를 빌더니 이렇게 날 섭섭하게 하네' 싶었다. 그런데 그것이 또 내 모습이란 걸 알았다. 하나님 앞에서 친한 척하며 좋다고 할 때가 언젠데, 조금 지나면 금방하나님의 마음을 놓치고 있었다. 내게 아들이 없었다면 난 하나님마음을 알아가는 것에 많이 무디어졌을지도 모른다. 아들의 모습을 보면서 내 모습을 볼 때가 많기 때문이다.

하나님과의 동행, 하나님과의 더 깊은 만남에 집중하며 사는 것이 지금부터 내가 살아가야 할 방향이 아닐까 싶다. 난 오늘도, 내일도 여전히 아들을 바라보며 하나님의 마음을 생각하게 될 것이다.

이젠 이 모든 과정들이 기대된다. 하나님의 가장 좋은 길로 인도해 주실 것을 알기 때문이다. 기도하면서 하나님 앞에서 통곡을하며 울 때도 있을 테고, 하나님께 냉랭한 투정을 할 때도 있을 거다. 그러나 난 어쩔 수 없이 하나님께로 다시 돌아갈 것을 안다.난 하나님을 떠나서는 살 수 없다는 것을 알기 때문이다.

내가 쓰는 한 줄의 글이 누군가에게는 큰 힘이 될 수 있다는 말씀으로 글을 쓸 수 있도록 힘을 주셔서 첫 길을 열어 주시고 두 번째 책도 준비할 수 있도록 가르침을 주신 이은대 작가님께 감사드린다. 그리고 누구보다 지금까지 늘 함께해 주신 나의 하나님께 이모든 영광을 올려 드린다.